W0237619

Starke Sprüche für Angeber

Starke Sprüche für Angeber

Erdacht und gesammelt
von Gerald Drews

Weltbild Verlag

© Weltbild Verlag, Augsburg 1991
Satz: 10/12 Punkt Century Schoolbook von
Uhl + Massopust, Aalen
Gesamtherstellung: Wiener Verlag, Himberg
Printed in Austria
ISBN 3-89350-313-7

Statt einer Widmung:

Es gibt vierzig Arten von Wahnsinn, aber nur eine Art von gesundem Menschenverstand.
(Weisheit der Bantu)

Vorwort

Dieses Buch bringt den strengsten Winter zum Schmunzeln. Zitate für alle Lebenslagen – mal ernst mal heiter, mal betrübt, mal unbekannt. Diese Sammlung hilft Ihnen aus jeder Verlegenheit, wenn es darum geht, den richtigen Spruch parat zu haben. Hier kommen alle zu Wort: Berühmtheiten und der Volksmund, Klassiker und die Szene, schlicht: jeder, der etwas zu sagen hat oder dies von sich glaubt. Auch der Autor selbst hat so manchen Spruch aus seiner Sammlung beigetragen. Er wünscht allen Käufern dieses Büchleins eine angenehme Lektüre und gibt zu bedenken:

Das richtige Lachen ist der Beginn des richtigen Denkens und Empfindens. (Carl Zuckmayer)

Augsburg, im Sommer 1990

Inhaltsverzeichnis

Edel sei der Mensch, hilfreich und gut **(Goethe)**

Im ersten Kapitel beschäftigen wir uns zunächst einmal mit – uns!

Ein gesunder Geist sei in einem gesunden Körper **(Juvenal)**

Geistreiches zum Thema Gesundheit

Es lebe der Sport! **(Rainhard Fendrich)**

Ein paar Anmerkungen zur schönsten Nebensache der Welt

Nur ein Künstler kann den Sinn des Lebens erraten **(Novalis)**

Wir versuchen trotzdem, diesem Sinn auf die Spur zu kommen

Es ist nicht gut, daß der Mensch allein ist **(Bibel)**

Das Kapitel für traute Zweisamkeit

***Wenn du die Männer verstehen willst, studiere die Frauen!* (Aus Frankreich)**

Na, dann studieren wir doch mal beide!

***Deine Ehe – das unbekannte Wesen* (frei nach Kolle)**

Alles über die schönste Form der Zweisamkeit

Guter Spruch ist teuer

Sprichwörter im neuen Licht

***Nicht für die Schule, sondern für das Leben lernen wir* (Seneca)**

Doch hier wollen wir einiges über die Schule lernen

Dialoge, die der Unterricht schreibt

***Gedanken sind nicht stets parat! Man schreibt auch, wenn man keine hat* (Wilhelm Busch)**

In diesem Sinne. Hier ein paar Gedanken für Eltern, Schüler und Erzieher, die Sie genausogut vergessen können

***Schuster, bleib bei deinen Leisten* (Volksmund)**

Ein Kapitel rund um die Arbeit

***Was kann schöner sein auf Erden als Politiker zu werden* (Reinhard Mey)**

Diese Frage gilt es, im folgenden zu beantworten

***Berufe mit Zukunft* (Arbeitsamt)**

10 heiße Tips für die freie Wirtschaft

***Es muß nicht immer Miss Universum sein!* (Drews)**

Missen, die Sie immer schon kennenlernen wollten

***Geld regiert die Welt* (Publilius Syrus)**

Und dieses Kapitel

***Alles Unglück stammt von mangelnder Berechnung* (Brecht)**

Und führt, wenn's dumm geht, hinter Gitter

***Was alle trifft, erträgt man leichter* (Ramler)**

Trostworte für alle Lebenslagen

***Ich weiß, daß ich nichts weiß* (Sokrates)**

Trotzdem: Dieses Kapitel ist ein Lob der Technik!

Du und dein Haushalt!

Tips und Grübeleien, die zu nichts führen

***Ernst ist das Leben, heiter die Kunst* (Schiller)**

Na, dann wollen wir mal...

***Essen und Trinken halten Leib und Seele zusammen* (Sprichwort)**

Dieser Tatsache wird hier Rechnung getragen

***Der Mensch ist, was er ißt* (Feuerbach)**

In diesem Sinne: guten Appetit

***Heute blau, morgen blau...* (Gassenhauer)**

Hier dreht sich alles um die edlen Tropfen

***Alle Tiere folgen der Natur* (Tunnicius)**

Und genau um diese beiden Dinge geht es im folgenden

***Wir sprühen vor Lebenslust!* (unbek. Sprayer)**

Graffiti für Fortgeschrittene

Totaler Quatsch – oder: the best oft the rest

Ein paar Sprüche zum Abschluß, die beim Sammeln übriggeblieben, aber zum Wegwerfen zu schade sind

Visitenkarten

Literaturhinweise

Edel sei der Mensch, hilfreich und gut (Goethe)

Im ersten Kapitel beschäftigen wir uns zunächst einmal mit – uns!

Ich bin ein Mensch.
Nichts Menschliches, glaube ich, ist mir fremd,

behauptete der römische Komödiendichter Terenz (190–159 v. Chr.) in seinem unaussprechlichen Werk *Heautontimorumenos.*

Und dies bringt uns zur Frage: Was ist der Mensch? Oder, um mit Ludwig van Beethoven zu sprechen, der am 6. Juli 1801 »An die unsterbliche Geliebte« schrieb:

Wenn ich mich im Zusammenhang des Universums betrachte, was bin ich?

Ta ta ta taaa! Der Dichter Wilhelm Raabe (1831–1910) aus dem schönen Braunschweig raubt ihm alle Illusion. Er stellt die gleiche Frage und beantwortet sie selbst folgendermaßen:

Jedenfalls nicht das,
was er sich einbildet zu sein,
nämlich die Krone der Schöpfung.

Danke, Raabe, das genügt! Abtreten! Und was haben Sie zu sagen, Herr Friedrich Hebbel (1813–1863)?

Der Mensch ist ein Blinder,
der vom Sehen träumt.

Auch Sie, werter Molière, scheinen wenig von Ihresgleichen zu halten. Finden Sie es etwa gut, was Sie Ihrem Tartuffe in den Mund legen?

Der Mensch ist, ich gesteh' es Euch,
ein böses Lebewesen.

Mag sein. Aber kann er auch immer was dafür? Oder sind's nicht auch manchmal die Umstände, die ihn dazu machen?
Hören wir den englischen Dramatiker Edward Bond, Jahrgang 1934:

Der Mensch wird gut geboren und von der
Gesellschaft systematisch verpfuscht.

Das sieht in etwa auch der Dichter Eugen Roth (1895–1976) so, der wie kein anderer den Menschen ins Gedicht eingebracht hat:

Ein Mensch erblickt das Licht der Welt –
Doch oft hat sich herausgestellt
Nach manchem trüb verbrachtem Jahr,
daß dies der einzige Lichtblick war.

Kommen wir zu denselben. Den menschlichen Lichtblikken, meine ich. Und steigen wir mal ganz pathetisch ein:

Vieles Gewaltige lebt,
doch nichts ist gewaltiger als der Mensch,

ruft's im Chor. Und zwar im Chor der Antigone des Herrn Sophokles (496–406). Na bitte!

Christian Ernst Graf von Bentzel-Sternau (1767–1849), preußischer Dichter und Beamter, sieht das Thema kulinarisch:

Die Mixtur, Mensch genannt,
ist wohl das tollste Ragout,
welches je einem himmlischen
Kochbuch entschlüpfte.

Dazu paßt der folgende Aphorismus aus meiner Schmankerlküche:

Menschenfreunde genießen ihre Mitbürger.
Kannibalen verzehren sie.

Der österreichische Dichter Karl Kraus (1874–1936) bringt lakonisch beides auf einen Nenner:

Wir Menschen sind doch bessere Wilde.

Nachsichtiger ist der österreichische Heimatdichter Karl Heinrich Waggerl (1897–1973):

Das ist freilich auch wahr: Ein vollkommen guter
Mensch wäre für nichts zu gebrauchen.

Mehr aus der Sicht des universellen Bastlers muß die Aussage des Universalgenies Leonardo da Vinci (1452–1519) gesehen werden:

Der Mensch ist das Modell der Welt.

Wer...

Wer das Leben für einen Scherz hält,
sollte die Schlußpointe im Auge behalten.

Wer immer unter die Gürtellinie zielt,
sollte daran denken, daß
Zwerge von Haus aus nicht höher kommen.

Wer sich gelegentlich einen Schiefer einzieht,
sollte sich nicht so oft am Kopf kratzen.

Wer den Mund zu voll nimmt, darf sich
nicht wundern, wenn er sich überlastet fühlt.

Wer mit der Faust droht,
muß noch lange nichts in Händen haben.

Wer den Schaden hat,
spottet jeder Beschreibung.

Wer in der Nase bohrt,
geht deswegen noch längst nicht in sich.

Wer auffallen will,
muß ja nicht gleich vom Dach springen.

Wer mal in einem großen PS-starken Auto
mit Chauffeur mitfahren möchte,
kann getrost den Bus nehmen.

Ein gesunder Geist sei in einem gesunden Körper
(Juvenal)

Geistreiches zum Thema Gesundheit

Wer streng auf die Gesundheit achtet, dem steht der Tod schon vor der Tür,

sagen die Franzosen. Und wahrlich: Nirgends versteht man das Savoir vivre, das »Gewußt, wie richtig leben«, besser als bei unseren westlichen Nachbarn. Dazu gehört eben auch mal ein guter Tropfen und... Aber dazu später. Bevor wir uns nämlich mit den Gründen für eine Krankheit beschäftigen, müssen wir erst einmal die Gesundheit in ihren vielen Facetten kennenlernen.

Arthur Schopenhauer – wir haben ihn eher als Pessimisten kennengelernt – spricht es in seinen *Aphorismen zur Lebensweisheit* klar und deutlich aus:

Neun Zehntel unseres Glückes beruhen allein auf der Gesundheit. Mit ihr wird alles eine Quelle des Genusses: Hingegen ist ohne sie kein äußeres Gut, welcher Art es auch sei, genießbar.

Folgerichtig haben auch die Spanier erkannt:

Einem Kranken hilft es nichts, wenn er in einem goldenen Bett liegt.

Die Engländer sehen es umgekehrt. Sie behaupten:

Gesundheit ohne Geld ist ein halbes Fieber.

Ganz meiner Meinung:

Lieber reich und gesund als arm und krank.

Doch wie kommt man nun zur Gesundheit? Es sind wiederum die Spanier, die das folgende Sprichwort kreiert haben:

Fleisch von heute, Brot von gestern, Wein vom Jahr zuvor! Das hält gesund.

Die einzigen, die das Nachsehen haben, wenn's uns gut geht, sind diejenigen, die an unserer Krankheit verdienen: Ärzte, Apotheker und ähnliche Gesellen. Wie man ihnen ein Schnippchen schlagen kann, verrät dieses alte deutsche Sprichwort:

Den Kopf halt' kühl, die Füße warm,
das macht den besten Doktor arm.

Nun, sie stehen nicht sonderlich hoch in der Gunst der Poeten und Sprücheklopfer, die Ärzte, was die folgende Auswahl beweist.

In Großbritannien heißt es etwa:

Der Arzt ist oft gefährlicher als die Krankheit.

Die Polen sagen:

Die Irrtümer des Arztes sind mit Erde bedeckt.

Der Arzt ist oft gefährlicher
als die Krankheit.

Den Kopf halt kühl, die Füße warm,
das macht den besten Doktor arm.

Besonders gut scheint der fränkische Schriftsteller Sigmund Graff diesen Berufsstand durchschaut zu haben:

Ein kluger Arzt runzelt stets die Stirn. Geht der Fall übel aus, hat er damit auf die »höhere Gewalt« aufmerksam gemacht, geht er gut aus, auf seine bescheidene Kunst.

Eine bemerkenswerte Definition für einen guten Arzt ist diese hier:

Gute Ärzte vergessen nicht, daß am Blinddarm noch ein Mensch hängt.

Von Nachteil für den zu Behandelnden ist es, wenn der Arzt vergißt, was überhaupt sein Auftrag war, wie der folgende Monolog lehrt:

»Wie die Operation verlaufen ist?« stammelt der Chirurg leichenblaß. »Oh, Gott, ich habe Obduktion verstanden!«

Tja, zu spät! Schon zu Zeiten Voltaires galt:

Ärzte verschreiben Pillen, von denen sie wenig verstehen,
um Krankheiten zu behandeln, von denen sie noch weniger verstehen,
für Menschen, von denen sie überhaupt nichts verstehen.

Das Verhältnis des Arztes zur Rechnung wird von vielen Menschen mit spitzer Zunge kommentiert. Beispiele gefällig?
Aber bitte sehr!

Gott heilt, der Arzt kassiert (Benjamin Franklin)

Die Medizin: Geld her und Leben! (Karl Kraus)

Nichts beschleunigt die Genesung so sehr wie regelmäßige Arztrechnungen (Alec Guiness)

Da bleibt uns nur noch, mit Goethe zu sagen:

Läßt sich die Krankheit nicht kurieren,
muß man sie eben mit Hoffnung schmieren.
Die Kranken sind wie Schwamm und Zunder;
ein neuer Arzt tut immer Wunder.

Und wenn es ein für den Patienten »blaues Wunder« ist. In diesem Sinn hier ein paar buntgestreute Kalauer aus der Welt von Tupfer und Tumor:

Psychiater sind Ärzte, die kein Blut sehen können.

Manche Leute nennen ihren Bandwurm »Innenleben«.

Leider gibt es bisher kein Heftpflaster gegen Tuten.
Nur gegen Blasen.

»Mein Nachbar bekam plötzlich einen Schlaganfall«, murmelte der Patient zur Begründung, während man seine Platzwunde nähte.

Der Doktor war ratlos. Dieser Patient war ein anatomisches Wunder! Eine Armbrustoperation hatte es noch nie zuvor in seiner Praxis gegeben.

Viele Bausteine ergeben einen Bau.
Aber viele Nierensteine noch lange keine Niere.

Und noch ein Wort an die Kollegen mit dem Bohrer:

Eine Zahnspange hilft leider nicht gegen loses Mundwerk.

Oder, um mit William Shakespeare zu sprechen:

Ich bin nicht sehr krank, ich kann noch drüber reden.

Curt Goetz meint hierzu:

Manche Leute sind nicht gesund,
wenn sie nicht krank sind.

Wer nun tatsächlich sehr krank ist, kann sich mit folgendem Gedanken Immanuel Kants trösten:

Den Tod fürchten die am wenigsten,
deren Leben den meisten Wert hat.

Seneca schließt sich der Meinung seines Vorredners an und fabuliert:

Mit dem Leben ist es wie mit einem Theaterstück:
Es kommt nicht darauf an, wie lang es ist, sondern wie bunt.

Und Gaius Julius Caesar, als hätte er von seinem grausamen Ende geahnt, sinnierte:

Es ist besser, ein für allemal zu sterben, als in dauernder Erwartung des Todes zu leben.

Geteilter Meinung – und damit komme ich wieder zum lebenden Menschen als Ganzes – kann man wohl über die Behauptung des Minnesängers Walther von der Vogelweide (ca. 1170–1230) sein, der da behauptet:

Das Äußere läßt aufs Innere schließen.

Und dann war da noch ...

... der Bettnäßer,
dessen Krankheit bisher zu niemandem durchgesickert ist.
... der Geflügelverkäufer,
der mit seinem Kunden ein Hühnchen zu rupfen hatte.

Noch kürzer drückt es Friedrich Hölderlin (1770–1843) aus:

In uns ist alles.

Alles Gute und alles Schlechte. Oder, um mit dem französischen Philosophen und Mathematiker Blaise Pascal (1623–1662) zu sprechen:

Je mehr Einsicht man hat,
desto mehr Größe und Niedrigkeit entdeckt man im Menschen.

Und so halte ich es denn kompromißbereit mit meinen bayerischen Landsleuten, die den schönen Spruch geprägt haben:

D'r Mensch is' guat,
aba d' Leit san schlecht!

Paßt scho! Und nachdem wir nun wissen, was der Mensch ist, sollten wir ihn mal etwas genauer untersuchen. Unser Hang, solches zu tun, wird bereits von Oscar Wilde durchschaut:

Der Grund, warum es uns solches Vergnügen bereitet, anderer Leute Geheimnisse zu enträtseln, ist der, daß dadurch die Aufmerksamkeit der Öffentlichkeit von den unsrigen abgelenkt wird.

Beginnen wir mit dem Kopf. Böse Zungen behaupten:

Nicht jeder, dem etwas zu Kopf steigt,
hat auch was drin.

Und auch der folgende Aphorismus unbekannter Abstammung ist wenig schmeichelhaft:

Bei manchen Menschen ist der geistige Horizont der Abstand zwischen Brett und Kopf.

Hierzu stellt der israelische Satiriker Ephraim Kishon (geboren 1924) folgenden Gedanken auf:

Der Mensch bringt sogar die Wüsten zum Blühen.
Die einzige Wüste, die ihm noch Widerstand leistet,
befindet sich in seinem Kopfe.

Nun, wenn dem so ist, sollte man diese Wüste wenigstens angenehm umrahmen. Deshalb denken Sie daran:

Lächeln ist die angenehmste Art,
jemandem die Zähne zu zeigen.

Sagt jedenfalls der Kabarettist Werner Finck (1902–1978).

Für ihn, der so manchen klugen Spruch an den Mann brachte, gilt die Überlegung des Aichacher Mundartdichters Wilhelm Liebl, Jahrgang 1932, sicher nicht, der über das Poetendasein sinniert:

Vieles hatte er durchzustehen.
Auf seiner Weisheit blieb er sitzen,
Liegenschaften schaffte er keine.

Lassen Sie uns wieder handfester werden. Wir waren beim Kopf. Und mit einem Blick auf mein gelichtetes Haupthaar wage ich festzustellen:

Ein Glatzkopf tut sich schwer,
eine Gelegenheit beim Schopf zu packen.

Gehen wir eine Etage tiefer und stellen mit Heinrich Heine fest:

Eine schöne Hand ziert den ganzen Menschen.

Zum gleichen Thema läßt William Shakespeare seinen Hamlet sagen:

Je weniger eine Hand verrichtet, desto zarter ist ihr Gefühl.

Kann es eine poetischere Ausrede für notorische Müßiggänger geben? Da schlägt doch mein Herz gleich höher. Apropos Herz:

Nicht unser Hirn, sondern unser Herz denkt die größten Gedanken. Unser Herz aber oder unsere Seele oder der Kern unserer Persönlichkeit ist ein Funke aus dem Lebenslichtmeer Gottes.

Lächeln ist die angenehmste Art,
jemandem die Zähne zu zeigen.

Sie lasen die Worte des Dichters Jean Paul (1763–1825). Und der Erzieher Johann Heinrich Pestalozzi (1746–1827) ließ etwa zur selben Zeit verlauten:

Wenn bei einem Menschen das Herz einmal hart ist, so ist es aus. Was er auch sonst Gutes hat, man kann nicht mehr auf ihn zählen.

Und jetzt schunkeln alle mit:

Herzilein, du mußt nicht traurig sein ...

Doch ich gleite ab. Zurück zum Körper. Nicht weniger empfindsam als das Herz ist die darunterliegende Region. Deshalb behauptet ein altes Sprichwort:

Der Teufel greift die Leute am Bauch an, wo sie am weichsten sind.

Wesentlich neueren Datums ist eine Weisheit, die wie Honig in meine Ohren tropft:

Ein Mann ohne Bauch ist ein Krüppel.

Denn merke:

Schönheit ist vergänglich.
Dummheit bleibt lebenslänglich.

Und dann war da noch ...

... der Glatzkopf,
der sich andauernd haarsträubende Geschichten erzählen ließ.

... der Schmutzfink,
der sich aus dem Staub machte

... der blinde Passagier,
der sich weigerte, eine Armbinde zu tragen

Es lebe der Sport! (Rainhard Fendrich)

Ein paar Anmerkungen zur schönsten Nebensache der Welt

Sie wissen ja: In einem gesunden Körper soll ein gesunder Geist wohnen. Soll! Denn es gibt auch die Auffassung Winston Churchills, der da meinte

Sport ist Mord.

Offensichtlich hatte der Herr mit der Zigarre seinen Jean-Jacques Rousseau nicht intus. Dieser weise Mensch behauptete nämlich:

Vor allem wegen der Seele ist es nötig, den Körper zu üben, und gerade das ist es, was unsere Klugschwätzer nicht einsehen wollen.

Gut gegeben, gell? Sogar Joachim Ringelnatz (1883–1934), der sanfte Spötter, wußte der Leibesertüchtigung positive Seiten abzugewinnen:

Sport stärkt Arme, Rumpf und Beine,
kürzt die öde Zeit,
und er schützt uns durch Vereine
vor der Einsamkeit.

Sport als Therapie sozusagen. Giorgio Pasetti sieht das unter dem gesundheitspolitischen Aspekt:

Die gesundeste Turnübung ist das rechtzeitige Aufstehen vom Eßtisch.

Dazu fällt mir folgender Aphorismus ein:

Die wirksamste Trimm-dich-Sportart ist, über seinen eigenen Schatten zu springen.

Dies tue ich jetzt auch, indem ich Ihnen die Frage stelle:

Was ist der Unterschied zwischen einem guten Tennisspiel und diesem Buch?

Ganz einfach: Bei einem guten Tennisspiel freut man sich auf den zweiten Satz.

Weil's nun aber eh wurscht ist, gleich noch ein paar Sätze hinterher:

Kennen Sie das Lieblingslied der Jockeys?
»Aber Heitschi bum Peitschi!«

Übrigens:

Einen Jockey ohne Pferd nennt man auch Sattelschlepper!

Von der Rennbahn auf den Fußballplatz. Die beiden berühmtesten Weisheiten des ehemaligen Bundestrainers Sepp Herberger (1897–1977) kennen auch Leute, für die Fußball nicht der Nabel der Welt ist:

Der Ball ist rund.

Und:

Ein Spiel dauert 90 Minuten.

Wobei letzteres im Zeitalter der Verlängerung und des Elfmeterschießens nur noch bedingt Gültigkeit hat. Bis in alle Zeiten werden hingegen die beiden Standardsprüche des genialen Ex-Teamchefs Franz Beckenbauer (Jahrgang 1945) bestehen, die da lauten:

Ja, sicher …

und

Schau'n mer mal!

Demgegenüber lesen sich meine eigenen Weisheiten zum Thema Fußball vom Niveau her eher recht bescheiden:

Was heißt da, es gibt zuwenig gute Flügelspieler?
Denken Sie nur an Ivo Pogorelich, Justus Frantz oder Richard Claydermann!

Alter schützt vor Toren nicht,
sagte der Seniorentorwart.

Von ganz anderem Holz ist da schon ein Gedanke des Journalistenkollegen Horst Fried, der zu folgender Einsicht gelangte:

Es gibt eine köstliche Art, Vorschauberichte zu studieren: Man muß sie nach dem Ereignis lesen!

Recht hat er! Aber mal ehrlich: Gehören Sie nicht auch zu den Leuten, die es schon immer gewußt haben?

Hinterher, wohlgemerkt! Auch im folgenden Fall hatten die meisten Leute vorher auf einen anderen Sieger getippt. Doch erstens kommt es anders und zweitens – aber ich verzweige mich. Zur Sache:

Seit David den Riesen Goliath besiegte,
warnt bei ähnlichen Anlässen das Schild
»Vorsicht! Schleudergefahr!«

Noch ein kurzer Gedanke zum Thema Leichtathletik:

Leichtathleten, die mit einer Scheibe um sich werfen,
heißen Diskussionsteilnehmer.

Und zum Schluß noch eine Meldung über den größten Versager der letzten 800 Jahre.

Traurig, aber wahr:
Dschingis' Kahn hat noch nie eine Ruderregatta
gewonnen.

Falls Sie nun ein völliger Sportmuffel sind, kann ich Ihnen vielleicht mit dem nächsten Kapitel etwas mehr Freude bereiten.

Und dann war da noch ...

... der Langstreckenläufer,
der glaubte, mit der Schere den Weg abschneiden zu können

... der Sohn des Eiskunstläufers,
der sich als einziger über eine Sechs Komma Null im Zeugnis freute.

Nur ein Künstler kann den Sinn des Lebens erraten
(Novalis)

Wir versuchen trotzdem, ihm auf die Spur zu kommen

Kurz und prägnant lautet die alles entscheidende Frage des Bochumer Barden Herbert Grönemeyer:

Was soll das?

Und je nach Veranlagung versucht man den Sinn des Lebens optimistisch oder pessimistisch aufzudröseln. Ich bin überzeugt, daß die folgenden Probleme auch Ihnen schon die ein oder andere schlaflose Nacht bescherten. Wenn nicht, kommen Sie mit Sicherheit jetzt ins Grübeln:

Kaum ist man geboren, schon gibt's eine auf den Hintern.
Was soll einen da noch wundern?

Die Frage nach Gott ist ja recht und gut. Aber was tun, wenn ich nicht weiß, wo ich am Wochenende einen Fernsehmechaniker auftreiben soll?

Gibt es ein Leben nach dem Tod? Wenn ja – wird der Cola-Automat dort auch andauernd leer sein?

Lohnt es noch, sich die Haare schneiden zu lassen,
wenn morgen die Welt untergeht?

Wenn es das Übersinnliche gibt – besteht ein
U-Bahn-Anschluß dorthin?

Gilt das Gebot »Liebe deinen Nächsten wie dich
selbst« auch für Masochisten?

Heinrich Heine hat da auch so seine Fragen:

Sagt mir, was bedeutet der Mensch?
Woher ist er kommen?
Wo geht er hin?
Wer wohnt dort oben auf goldenen Sternen?

Wird er Antwort bekommen? Doch lesen Sie selbst:

Es murmeln die Wogen ihr ewges Gemurmel,
es wehet der Wind, es fliehen die Wolken,
es blinken die Sterne gleichgültig und kalt.
Und ein Narr wartet auf Antwort.

Trübe Aussichten. Der österreichische Liedermacher Wolfgang Ambros hat ob all dieser Fragen resignierend festgestellt:

Der Sinn des Lebens wird uns, glaub i, immer
verborgen sein.

Arthur Schopenhauer glaubt, ihn erkannt zu haben. Doch tröstlich ist seine Aussage auch nicht:

Als Zweck unseres Daseins ist in der Tat nichts
anderes anzugeben als die Erkenntnis, daß wir besser
nicht da wären.

Und wer kauft dann mein Buch? Johann Gottfried von Herder (1744–1803) vielleicht, so er noch leben würde. Denn sein Motto kommt dem meinen schon näher:

Denken, was wahr
und fühlen, was schön
und wollen, was gut ist,
darin erkennt der Geist das Ziel des vernünftigen Lebens.

Oscar Wilde glaubt, erkannt zu haben:

Ziel des Lebens ist Selbstentwicklung. Das eigene Wesen völlig zur Entfaltung zu bringen, das ist unsere Bestimmung.

Man kann es sicher auch mit Ricarda Huch (1864–1947) halten, die sagt:

Wer rückwärts sieht, gibt sich verloren,
wer lebt und leben will, muß vorwärts sehen.

Ähnlich positiv dachte schon im Altertum Sophokles (496–405 v. Chr.):

Nicht mitzuhassen,
mitzulieben bin ich da.

Manche allerdings sehen den Sinn ihres Lebens darin, darüber nachzudenken, wie man diesen Planeten am besten eliminieren könnte. Oder sollte ich den nächsten Spruch falsch verstanden haben?!

Wissenschaftler beschäftigen sich viel mit der Entfernung der Planeten.
Nur weiß keiner genau, wie man sie wirklich entfernt.

Auch Peter Ustinov hat sich hierzu seine Gedanken gemacht:

Die letzte Stimme, die man hört, bevor die Welt explodiert, wird die Stimme eines Experten sein, der sagt:
»Das ist technisch unmöglich!«

Deswegen werfen wir zum Ende dieses Kapitels einen Blick in die Zukunft. Nehmen Sie also bitte noch mal alle Phantasie zusammen und stellen sich vor, Sie sind übriggeblieben am Tag nach dem großen Knall, der zum Glück inzwischen eher als unwahrscheinlich gilt. Aber man weiß ja nie. Also, hier die ganz kurze Kurzgeschichte zum Gruseln:

Der letzte Mensch sitzt zu Hause und liest. Plötzlich klopft es ...

... und der letzte Mensch ist nicht mehr allein. Gehen wir davon aus, die letzte Menschin hat um Einlaß gebeten. Dies ermöglicht uns einen nahezu optimalen Übergang zum nächsten Kapitel.

Und dann war da noch ...

... der Eispickel,
der sich nicht ausdrücken ließ.

... der Bahnwärter,
der in seine Schranken verwiesen wurde

Es ist nicht gut, daß der Mensch allein bleibt (Bibel)

Das Kapitel für traute Zweisamkeit

Sicher hat die Bibel recht, wenn sie behauptet, daß wir Menschen zur Einsamkeit nicht geeignet sind. Die Frage bleibt, wie unsere Mehrsamkeit aussehen kann. Marie Freifrau von Ebner-Eschenbach, hochwohlgeborene Gräfin Dubsky, war Österreicherin und eine weise Dichterin. Ihr zwölfbändiges Lebenswerk enthält unzählige weise Aphorismen. Der folgende gibt Antwort auf die eingangs gestellte Frage:

> *Es ist die Frage, was man im Leben sucht, Unterhaltung oder Liebe. Im ersten Falle darf man es nicht allzu genau mit der moralischen, im zweiten nicht allzu genau mit der geistigen Beschaffenheit der Menschen nehmen, mit denen man sich umgibt.*

Bleiben wir zunächst bei der Unterhaltung, und hier gilt ganz allgemein:

> *Vieles kann der Mensch entbehren, nur den Menschen nicht.*

Dies stellte der in Frankfurt geborene Theaterkritiker

und Schriftsteller Ludwig Börne (1786–1837) fest. Der Münchner Dichter Adolf Friedrich Graf von Schack (1815–1894) haute wenig später in die gleiche Kerbe:

Der Genuß des Schönsten vermag nicht zu befriedigen, wenn ich ihn allein für mich haben soll.

Warum sich der Mensch leichter tut, wenn er sich im Kreise anderer befindet, begründete der deutsche Dichter Christian Fürchtegott Gellert (1715–1769) in seinem Werk *Der Blinde und der Lahme:*

Du hast das nicht, was andre haben,
und andern mangeln deine Gaben.
Aus dieser Unvollkommenheit
entspringt die Geselligkeit.

Nun wäre es wohl verkehrt, zu behaupten, alle Menschen legten großen Wert auf die Gegenwart ihrer Mitmenschen. Ein böser Spruch aus Litauen besagt zum Beispiel:

Fremder Atem stinkt immer.

Was zwar durch Mundwässerchen wettgemacht werden könnte. Doch ein unbekannter Sprayer aus dem Ruhrgebiet, der folgende Botschaft an einem Bauzaun hinterließ, wird deutlicher:

Ich habe keine Vorurteile.
Ich kann überhaupt niemanden leiden.

Bekannt ist Ihnen vielleicht die Losung aller Egoisten:

Jeder denkt an sich.
Nur ich denke an mich.

Die kaltschnäuzige Behauptung

Alle Menschen sind gleich
– jedenfalls mir

läßt ebenfalls keinerlei Zweifel an der Gesinnung des unbekannten Sprücheklopfers aufkommen. Es gibt nun mal nicht nur liebe Menschen auf dieser unserer Welt. Wilhelm Busch, diese unerschöpfliche Aphorismen-Quelle, hat dies in seiner kleinen Gedichtreihe *Zu guter Letzt* mit einem kleinen Zweistropher ausgedrückt: Gut und Böse. Die zweite Strophe lautet:

Gute Tiere, spricht der Weise,
mußt du züchten, mußt du kaufen,
doch die Ratten und die Mäuse,
kommen ganz von selbst gelaufen.

Lassen Sie uns diesen Hort des Ungeziefers verlassen und zu einer ganz speziellen Zweisamkeit – nämlich der zwischen Mann und Frau – kommen. Doch hier finde ich gerade noch ein abschließendes, nicht sehr optimistisch stimmendes Wort des Philosophen Arthur Schopenhauer, das unterstreicht, was Wilhelm Busch soeben so schön gereimt hat:

Geselligkeit gehört zu den gefährlichen, ja verderblichen Neigungen, da sie uns in Kontakt bringt mit Wesen, deren große Mehrzahl moralisch schlecht und intellektuell stumpf oder verkehrt ist.

Wir wissen zwar nicht, mit welchen Leuten Herr Schopenhauer verkehrt hat. Wir hingegen – ach, lassen wir's gut sein.

Wenn du die Männer verstehen willst, studiere die Frauen! (Aus Frankreich)

Na, dann studieren wir doch mal beide!

Zunächst mal dürfen die Frauen die Männer studieren. Deswegen gelten die nächsten Zeilen nur für Frauen. Also, meine Herren, ja nicht spicken!

Die folgenden Zitate stammen von unbekannten Damen, die aus ihrem Herzen keine Mördergrube machten. Ich hoffe, Sie, meine Damen, können aus vollem Herzen lachen. Und Sie, meine Herren – hab' ich nicht gesagt, das hier ist nicht für Sie bestimmt?!

Als Gott den Mann schuf, hat Sie
bloß geübt.

Es gibt nur zwei Wahrheiten:
Erstens: Männer sind das Größte.
Zweitens: Die Erde ist eine Scheibe.

Angeblich ist das männliche Gehirn
größer als das weibliche.
Ein weiterer Beweis dafür, daß
Qualität nichts mit Quantität zu tun hat.

Es heißt in der Arbeitswelt:
Eine Frau muß doppelt so gut sein wie ein Mann, um halb so schnell voranzukommen.
– Und wo ist da das Problem?

Eine Frau ohne Mann
ist wie eine Schnecke ohne Bremsfallschirm.

Es gibt jemanden, der die Arbeit von fünf Männern erledigen kann:
eine Frau!

Frauen können sich durchaus für einfache Dinge begeistern.
Für Männer zum Beispiel.

So, meine Herren, jetzt dürfen Sie wieder mitlesen. Denn jetzt gibt's aus berufenem Munde positive Worte über uns zu lesen.

Was ist die wahre Aufgabe des Mannes? Schiller?!

Der Mann muß hinaus
ins feindliche Leben
muß wirken und streben
und pflanzen und schaffen,
erlisten, erraffen,
muß wetten und wagen,
das Glück zu erjagen.

Richtig, Schiller. *Das Lied von der Glocke* haben Sie Ihr Opus genannt, nicht wahr? Und Sie, Meister Goethe, was haben Sie zu diesem Thema zu sagen?

Die Männer denken mehr auf das einzelne, auf das Gegenwärtige, und das mit Recht, weil sie zu tun, zu wirken berufen sind; die Weiber hingegen mehr auf das, was im Leben zusammenhängt, und das mit gleichem Rechte, weil ihr Schicksal, das Schicksal ihrer Familien an diesen Zusammenhang geknüpft ist und auch gerade dieses Zusammenhängende von ihnen gefordert wird.

Hat er fein gesagt, in seinen *Wahlverwandtschaften,* gell? Hat noch wer was zum Thema...? Ja bitte, Peter Ustinov?!

Die Männer würden den Frauen gern das letzte Wort lassen, wenn sie sicher sein könnten, daß es wirklich das letzte ist.

Ach, diese Schauspieler! Waren Sie nicht mal *Nero,* Herr Ustinov? Ach, drum! Denn da hatte Ihre Frau Mama die Hosen an. Agrippina hieß sie, wenn ich mich nicht irre.

Männer sind …

… wie Autoreifen:
aufgeblasen und profillos.
Außerdem ist man immer in
Gefahr, von ihnen überfahren zu werden.

… wie Zwiebeln:
Hat Frau ihre Schale abgepellt,
bleibt etwas übrig, was zum Heulen ist.

… wie Pferde:
Wenn sie die Zügel spüren,
schlagen sie über die Stränge.

… wie Armreifen aus Metall:
Die leicht Behämmerten sind
am anpassungsfähigsten.

… wie Waschmaschinen:
Erst macht Frau sie an.
Dann drehen sie durch.
Daraufhin spülen sie nach.
Ein großer Teil des Lebens
läuft im Schongang ab.
Und irgendein Programm ist
mit Sicherheit immer kaputt.

So, und nun drehen wir den Spieß mal um. Meine Herren, bitte folgen Sie mir unauffällig. Und meine Damen: Eintritt verboten, leider. Denn die nächsten Sprüche sind

Nur für Männer:

Frauen und U-Bahnen muß man nicht nachlaufen:
Die nächste folgt sogleich.

Frauen verblühn.
Männer verduften.

Frauen sind überflüssig.
Es gibt schon so genügend Katastrophen.

Gott schuf den Mann.
Den Rest erledigte sein Azubi.

Und weil die Spontiszene sich anscheinend nicht traut, mehr über das weibliche Geschlecht herzuziehen, zitiere ich zu diesem Thema noch ein paar Worte von Berufslästermäulern:

Eine Frau, die einen Ehemann sucht, ist das gewissenloseste aller Raubtiere.
(George Bernhard Shaw)

Die Frau ist ein menschliches Wesen, das sich anzieht, schwatzt und sich wieder auszieht. (Voltaire)

Behandelt die Frauen mit Nachsicht. Aus krummer Rippe ward sie erschaffen, Gott konnte sie nicht ganz gerade machen.
(Johann Wolfgang von Goethe)

Frauen sind …

… wie Frösche:
dauernd quaken und Bammel vor dem Klapperstorch

… Luft für mich.
Und ohne Luft ersticke ich.

… total unbestechlich.
Manche nehmen nicht mal Vernunft an.

… wie Zähne:
Hat Mann keine, erwartet er sie sehnsüchtig.
Kriegt Mann sie, tun sie weh.
Verliert Mann sie, hinterlassen sie Wunden.

… wie Tee:
Mann muß sie ziehen lassen.

… wie Schnee:
Hat Mann sie erstmal aufgetaut, schmelzen sie dahin.

Hat man dieses alles gelesen, fragt man sich als Unbeteiligter zum Thema Liebe: Wieso trotzdem? Die unbestechlichste Quelle für eine Begründung *pro,* so nehme ich an, ist die Bibel. Zitieren wir also kurz aus dem 1. Korintherbrief:

Und wenn ich weissagen könnte und wüßte alle Geheimnisse und alle Erkenntnis und hätte allen Glauben, also daß ich Berge versetzte, und hätte der Liebe nicht, so wäre ich nichts.
Die Liebe ist langmütig und freundlich ... sie erträgt alles, sie glaubet alles, sie hoffet alles, sie duldet alles.
Die Liebe höret nimmer auf, so doch die Weissagungen aufhören werden und die Sprachen aufhören werden und die Erkenntnis aufhören wird.

Dies bringt uns zur folgenden Erkenntnis: Was auch immer jetzt über dieses Thema folgt – es bleibt nur eine stümperhafte Facette eines unerschöpflichen Gebietes. Deshalb nur ein paar Highlights:

Die Liebe hat nicht nur Rechte, sie hat auch immer recht. (Marie von Ebner-Eschenbach)

Die Liebe ist der Punkt, wo sich auch die Egoisten dann und wann vergessen. (Der österreichische Dichter und Komponist Johann Nestroy, 1801–1862)

Wenn man nicht hat, was man liebt, muß man lieben, was man hat. (Sagen die Franzosen)

Und was sagt der unbekannte Volksmund?

Was kann man gegen Liebe auf den ersten Blick tun? Ganz einfach: Zweimal hinschauen!

Amoralisch ist jemand, der von den Pfeilen Amors getroffen wurde.

Lassen Sie beim Küssen die Augen lieber offen. Nicht, daß sie Ihnen zu spät aufgehen!

Mit Liebe kann man sich die Zeit vertreiben. Aber viel öfter vertreibt Zeit die Liebe.

Eifersucht ist eine Leidenschaft,
die mit Eifer sucht,
was Leiden schafft.

Nicht immer geht die Liebe gut aus. Manchmal passiert auch, was ein russisches Sprichwort folgendermaßen umschreibt:

Die Liebe hat ihre eigene Sprache. Die Ehe kehrt zur Landessprache zurück.

Darüber mehr im nächsten Kapitel.

Deine Ehe – das unbekannte Wesen (frei nach Kolle)

Alles über die schönste Form der Zweisamkeit

Daß dieses Kapitel kein leichtes Unterfangen ist, ahnen wir schon durch Honoré de Balzacs (1799–1850) Spruch:

Die Ehe ist eine Wissenschaft.

Er ist zu finden in seinem Werk *Die Frau von 30 Jahren* – ein gutes Alter, um zu heiraten; ich habe es selbst probiert – bislang ohne Reue. Aber das erstens nur nebenbei. Und zweitens: Was soll ich schon anderes behaupten? Meine Frau liest dieses Buch ja schließlich auch...

Ein guter Freund, der leider Pech hatte, verriet mir geknickt seine Version:

Ehe ist die Abkürzung für errare humanum est.
(Für Nichtlateiner: Irren ist menschlich.)

Für ihn und seinesgleichen gilt:

Unverheiratete sind ledig.
Verheiratete erledigt.

Behaupten so manche Stammtischbrüder der zweiten Kategorie. Doch dies, ich sehe es ein, führt auf das Niveau der Schwiegermutterwitze. Und so tief wollen wir uns denn doch nicht in die Chauvi-Ecke vergraben. Wobei natürlich alles, was Sie hier finden, auf die Partner beiderlei Geschlechts anzuwenden ist. So etwa die drei folgenden Behauptungen unbekannten Ursprungs:

Wenn Liebe blind macht, gibt dir die Ehe das Augenlicht zurück!

Ehe ist der Weg vom Duett zum Duell.

Heiraten ist von Kirche und Staat legalisierte Geiselnahme.

Ja, verflixt noch mal! Hat denn diese Einrichtung überhaupt keine positiven Seiten? Doch, doch, sie hat. Beispiele gefällig? Aber gern!

Soweit die Erde Himmel sein kann, soweit ist sie es in einer glücklichen Ehe. (Marie von Ebner-Eschenbach)

Eine gute Ehe besteht aus einer besseren Hälfte und einer stärkeren Hälfte. (Der Schauspieler Victor de Kowa)

Ehe ist nie ein Letztes, sondern Gelegenheit zum Reifwerden. (Johann Wolfgang von Goethe)

Das wahre Eheglück schlägt in der Regel erst dann aus, wenn die ersten Rosen verblüht sind. (Adolph Kolping)

Guter Spruch ist teuer

Sprichwörter im neuen Licht

Je später der Abend,
desto kürzer die Nacht.

Wer anderen eine Grube gräbt,
hat hinterher Muskelkater.

Spare in der Not,
dann hast du Zeit dazu.

Die Axt im Haus
erspart den Scheidungsrichter.

Wie man sich bettet, so tönt es heraus.

Morgendstund' ist aller Laster Anfang.

Jung gefreit ist halb gewonnen.

Du sollst den Arzt nicht vor der Rechnung
loben.

Eine Schwalbe macht noch keine Kinder.

Wenn meine Großmutter vier Räder hätte,
wäre sie ein Omnibus.

Wer Ordnung hält,
ist nur zu faul zum Suchen.

Wer anderen eine Grube gräbt,
hat hinterher Muskelkater.

Nicht für die Schule, sondern für das Leben lernen wir
(Seneca)

Doch hier wollen wir einiges über die Schule lernen

Weil es immer mal wieder vorkommt, daß jemand sogar in der Schule einen Gedankenblitz hat, soll Thomas Alva Edison (1847–1931) als erster zu Wort kommen, der ja wie kaum ein anderer elektrische Dinge zu erfinden pflegte. Er glaubt, erkannt zu haben:

Es gibt keinen Ausweg, den ein Mensch nicht beschreitet, um die tatsächliche Arbeit des Denkens zu vermeiden.

Allerdings schaffen es nur ganz, ganz wenige, sich ein Leben lang vor der Schule zu drücken. Dabei scheint ausgerechnet der Besuch einer Lehranstalt für gar nichts zu garantieren. Aber schon wirklich für absolut gar nichts. Und so ähnlich denke nicht nur ich selbst, der ein fauler Hund sondergleichen war, sondern viel berühmtere Leute als ich. Gerne habe ich Ihnen das folgende Menü zusammengestellt.

Wir stehen vor der paradoxen Tatsache,
daß die Erziehung zu einem der wesentlichsten
Hindernisse für Intelligenz und Freiheit des Denkens
geworden ist.

Dies sagte Bertrand Russell (1872–1970), der immerhin den Literaturnobelpreis bekommen hat.

Karl Kraus, das g'schlamperte Genie, gibt uns hingegen mit auf den Weg:

> *Lerne nicht mehr, als du unbedingt brauchst, um durchs Leben zu kommen.*

Auch der amerikanische Philosoph und Dichter Ralph Waldo Emerson (1803–1882) hält nicht viel von der Schule. Obwohl er stets an die Wirkungskraft des Geistes glaubte, schrieb er:

> *Eine der Vorteile der Hochschulbildung ist, dem Schüler zu zeigen, daß sie wenig taugt.*

So, und nun lassen wir sie selbst einmal zu Wort kommen – die Schüler. Ihr Aufschrei gegen den Lehrbetrieb ist natürlich in letzter Zeit etwas lauter geworden. Denn man darf sich heutzutage mehr erlauben gegen seine Pauker als noch unsereins. Doch witzig verpackt ist ein guter Schülerspruch allemal was wert. Ich hoffe, Ihnen geht es genauso wie mir beim Sammeln der folgenden Sentenzen: Ich habe manchmal schallend gelacht über die Kreativität der Unterdrückten. Ein Beweis dafür, daß Druck kreativ macht. Na ja, manchmal wenigstens.

Schülermund, der nicht auf denselben gefallen ist:

Der dümmste Lehrer kennt mehr Fragen
als der klügste Schüler Antworten.

Lehrer sind Menschen, die Schülern bei Problemen helfen, die diese ohne die Lehrer gar nicht hätten.

Wozu läßt man eigentlich Lehrer studieren,
wenn sie dann ein Leben lang dumme Fragen stellen?

Kinderarbeit ist verboten.
Nur die Lehrer wissen das nicht.

Wenn ein Lehrer am Ende der Stunde ankündigt:
»Morgen fahre ich fort!«
bedeutet das nicht, daß anderentags die Schule ausfällt.

Manche Schüler stellen die Weichen so,
daß dem Lehrer die Gesichtszüge entgleisen.

Was haben Lehrer und Fixer gemeinsam?
Jeder denkt nur an seinen Stoff!

Sitzenbleiben hat nur Vorteile:
Man braucht keine neuen Bücher.
Und auch mit den alten Paukern ist man schon gut vertraut.

Wohin soll ich mich wenden?
Schule gibt es überall!

Liebe Lehrer, tausend Dank!
Doch eure Welt, die macht mich krank!

Lieber fünf minus als gar keine persönliche Note.

Das Verhältnis zwischen Schülern und Lehrern ist ja nicht selten ein bißchen gestört. Dabei haben sich doch innerhalb des letzten Jahrhunderts die Verhältnisse grundlegend geändert. Etwa seit Christian Morgenstern (1871–1914), der 1907 schrieb:

Da sie nur Lehrer für 600 Mark sich leisten können,
bleiben die Völker so dumm,
daß sie sich Kriege für 60 Milliarden leisten müssen.

Nun, die Frage soll offen bleiben, ob die Qualität der Lehrer von deren Bezahlung abhängig ist. Demnach müßte es heute ja nur noch friedliche Menschen auf der Welt geben. Aber lassen wir das. Ich glaube vielmehr, es ist nicht Schuld des Lehrers, daß der Mensch so ist, sondern Schuld des Menschen. Karl Heinrich Waggerl etwa pflegte zu sagen:

Am auffälligsten unterscheiden sich die Leute dadurch, daß die Törichten immer wieder dieselben Dummheiten machen, die Gescheiten immer wieder andere.

Warum das so ist? Hmmmm, da wären wir bei den Frageworten. Oder beim kleinen Kapitel: gespielte Witze im Klassenzimmer. Spielen Sie mit? Voilà!

Dialoge, die der Unterricht schreibt

Lehrer: »Alle Fragewörter beginnen mit einem W!«
Schüler: »Tatsächlich?«

Lehrer: »Welches sind die drei häufigsten Schülerworte?«
Schüler: »Weiß ich nicht.«
Lehrer: »Stimmt.«

Lehrer: *»Mach die Tafel nicht so sauber, ich schreib sowieso gleich wieder was drauf!«*
Schüler: »Aber dann!«

Lehrer: *»Ich gehöre nicht zur Elite. Ich bin auch ein kleiner Mann.«*
Schüler: *»Aber Sie sind froh, daß es kleinere gibt.«*

Lehrer: »Wann ziehen die Vögel nach Süden?«
Schüler: *»Wenn die Schwänze nach Norden zeigen.«*

Lehrer: *»Bitte trag' doch die Geschichte mit etwas mehr Nachdruck vor!«*
Schüler: *»Hier steht aber: Nachdruck verboten!«*

Lehrer: »Wie hoch ist unsere Schule?«
Schüler: *»Etwa einsvierzig. Weil sie mir bis zum Hals steht.«*

Lehrer: *»Kannst du mir einen der höchsten Berge der Welt nennen?«*
Schüler: *»Klar! Welchen hätten Sie denn gern?«*

Lehrer: »Wo wurde das KSZE-Abkommen unterzeichnet?«
Schüler: »Auf der letzten Seite.«

Gedanken sind nicht stets parat! Man schreibt auch, wenn man keine hat.
(Wilhelm Busch)

In diesem Sinne: Hier ein paar Gedanken für Eltern, Schüler und Erzieher, die Sie genausogut vergessen können.

Nicht jeder, der in eine Baumschule geht,
will später Förster werden.

Antiautoritäre Erziehung bedeutet,
daß man schon wieder das machen muß, was man will.

Hausaufgaben gelten im juristischen Sinne
nicht als Hausfriedensbruch!

Manchmal sind es die Eltern,
die zum Schuljahresende versetzt werden –
und zwar in Angst und Schrecken.

Der Klügere gibt Nachhilfe.

Man gewöhnt sich an allem,
sogar an der Dativ.

Im Schlaf zu reden,
ist vor allem dann bedenklich,
wenn es den Unterricht stört!

Wenn die Schule brennt,
gibt es hitzefrei.

Kurt Tucholsky hat einmal gesagt:

Der Vorteil der Klugheit besteht darin,
daß man sich dumm stellen kann.
Das Gegenteil ist schon schwieriger.

Nun hat wahre Klugheit ja nicht immer etwas mit Bildung zu tun. Die meist gebräuchliche Bildung ist sowieso die Einbildung. Doch auch die klügsten Leute scheitern meist an einer alles entscheidenden Frage. Der Dichter Berthold Auerbach (1812–1882) brachte es folgendermaßen auf den Punkt:

Was bedeutet unser ganzes Wissen?
Wir wissen nicht einmal,
wie das Wetter morgen sein wird.

Daran hat sich wahrlich in den vergangenen hundert Jahren gleich gar nichts geändert! Tatsache ist:

Von allen Sagen ist die Wettervorhersage die
unwahrscheinlichste.

Doch kommen wir zum Verhältnis zwischen den Generationen. Der hat in mancherlei Hinsicht seinen immerwährenden Stellenwert behalten. So führt Erich Kästner (1899–1974) aus:

Daß wir wieder werden wie die Kinder,
ist eine unerfüllbare Forderung.
Aber wir können zu verhüten versuchen,
daß die Kinder werden wie wir.

Ins Grübeln hat mich auch der folgende Satz des französischen Schriftstellers Henry de Montherlant (1896–1972) gebracht:

> *Das Vertrauen junger Menschen erwirbt man sich am sichersten dadurch, daß man nicht ihr Vater ist.*

Dazu passend: Ich bin ein großer Fan des liebenswerten Zeichners O. E. Plauen, dessen Vater-und-Sohn-Geschichten allerdings nur mit seinen Bildern wirken. Zumal sie so gut wie immer ohne Worte gezeichnet sind. Ihm widme ich als leidenschaftlicher Vater die nächste Seite, die als dramaturgischer Übergang zwischen Schul- und Lehrzeit verstanden werden soll.

Und dann war da noch ...

... der Sprößling,
der vom Schullandheim zwar keine Eindrücke, aber jede Menge Ausdrücke mitbrachte.

Vater und Sohn
(oder: erzieherische Eigentore)

Sohn: »Papa, wer war eigentlich Homer?«
Vater: »Hol dir die Familienbibel und
schau gefälligst selbst nach!«

Sohn: »Papa, stimmt es, daß der
Mensch vom Affen abstammt?«
Vater: »Du vielleicht, ich nicht!«

Sohn: »Papa, wir lernen jetzt Orthographie!«
Vater: »Typisch Gesamtschule!
Aber in der Rechtschreibung
hapert es hinten und vorn!«

Sohn: »Papa, Karlchen hat in Mathe
'ne Fünf!«
Vater: »Das wundert mich gar nicht!
Sein Vater ist doch auch reichlich
lahm im Denken. So was ist eben erblich.«
Sohn: »Äh, Papa, ich hab 'ne Sechs ...«

Schuster, bleib bei deinen Leisten

Ein Kapitel rund um die Arbeit

Wir fahren nahtlos fort. Und zwar römisch-klassisch (bitte beachten Sie in diesem Zusammenhang auch mein Buch *Latein für Angeber* im gleichen Verlag! Vielen Dank!)

> *Bei Beginn des Jünglingalters, zu einer Zeit, da unsere Einsicht noch schwach ist,*

so hat schon sehr weise Cicero in seinen »Drei Büchern von den Pflichten« erkannt,

> *entscheidet sich jeder für den Beruf. So kommt es, daß die meisten bereits an eine bestimmte Berufs- und Lebensbahn gefesselt sind, ehe sie noch zu beurteilen vermögen, was für sie das beste sein würde.*

Derartige Herrschaften kreuzen ununterbrochen unseren Lebensweg. Denn sie haben viel zu spät bemerkt, daß es am besten wäre, überhaupt nicht zu arbeiten. Und da sie sich über diese späte Erkenntnis ärgern, sind sie werktags zwischen acht und 16.30 Uhr übel gestimmt. Nur: Ganz so schlimm wie der Philosoph Friedrich

Nietzsche (1844–1900) sehen es hoffentlich die wenigsten:

Die Arbeit ist eine Schmach, weil das Dasein keinen Wert an sich hat.

Nicht mal Nietzsche selbst scheint in sich einig, denn an anderer Stelle lehrt er uns:

Ein Beruf ist das Rückgrat des Lebens.

Na, was denn nun?

Da halten wir uns lieber an den Schriftsteller Theodor Fontane, der ganz eindeutig meint:

Wer schaffen will, muß fröhlich sein.

Recht hat er! Lassen Sie uns jetzt jedoch einen Blick auf den allgegenwärtigen Volksmund werfen, um herauszubekommen, was der zum Thema im allgemeinen und besonderen zu sagen hat.
Da wären zunächst einmal die leidenden – nicht zu verwechseln mit den leitenden! – Angestellten, die da fordern:

Fußwege vor den Chefbüros! Damit nicht nur Radfahrer und Kriecher zum Zuge kommen!

Den *leitenden* Angestellten sei durch den amerikanischen Filmkomiker Danny Kaye gesagt:

Es gibt zwei Möglichkeiten, Karriere zu machen.
Entweder leistet man wirklich etwas,
oder man behauptet, etwas zu leisten.
Ich rate zur ersten Methode.
Denn hier ist die Konkurrenz bei weitem nicht so groß.

Ähnlich klingt es aus dem Munde des französischen Filmemachers François Truffaut:

Man kann niemanden überholen,
wenn man in seine Fußstapfen tritt.

Horst Ehmke (Jahrgang 1927), sozialdemokratischer Professor, weiß vermutlich, wovon er spricht, wenn er sagt:

Senkrechtstarter starten nicht nur senkrecht.
Sie kommen auch so runter.

Doch wer zum Start abhebt, braucht erst mal die richtige Piste. Die nennt sich auch Bewerbung. Der Schauspieler und Intendant Boy Gobert (Jahrgang 1925) seufzt aus Erfahrung:

Nie ist der Mensch so vollkommen wie in seinem Bewerbungsschreiben.

Zumindest ein vollkommener Tänzer und ein schlagfertiger Zeitgenosse war Fred Astaire (Jahrgang 1899). Er stellte fest:

Je höher die Stellung eines Vorgesetzten,
desto mehr Fehler darf er machen.
Und wenn er nur noch Fehler macht,
dann ist das sein Stil.

Nun den netten Damen von der kaffeekochenden und stenoschreibenden Zunft ein Satz fürs Poesiealbum:

Nicht jede Sekretärin hat bereits ihre Chefchen im Trockenen.

Einmal im Jahr hört man dann die hehren Worte eben jenes Chefchens über das Miteinander im Betrieb. Und zwar meist auf der Weihnachtsfeier. So mancher nickt dabei grimmig und denkt:

Klar sitzen wir alle in einem Boot. Aber wieso rudert nie der Steuermann?

Die Antwort ist ganz einfach:

In dem Moment, in dem einer ans Ruder kommt, hört er sofort auf zu rudern.

Klar, daß hingegen unsereins vom vielen Rudern eines Arbeitsalltags oft ziemlich erschöpft ist. Da heißt es Luftholen. Und das können wir gern ohne schlechtes Gewissen tun. Wir haben gewissermaßen den amerikanischen Dramatiker John Steinbeck (1902–1968) zum Zeugen:

Die Kunst des Ausruhens
ist ein Teil des Arbeitens.

Der ungarisch-britische Satiriker Georges Mikes (Jahrgang 1912) vertieft diesen Gedanken noch ein bißchen:

Die Faulenzer sind die eigentlichen Wohltäter der Menschheit. Denkt daran, wie viel Unheil allein durch Nichtstun verhindert worden ist.

Friedrich Georg Jünger (Jahrgang 1898), Bruder des Dichters Ernst Jüngers, geht sogar so weit, zu behaupten:

Nichts tun
vermehrt den Frieden der Welt.

Besonders imponiert hat mir ein Schild im Büro eines (inzwischen gefeuerten) Kollegen:

Ich bin unkündbar! Sklaven kann man nur verkaufen.

A propos Kündigung! Sie kennen gewiß das alte Sprichwort:

Neue Besen kehren gut.

Doch diese neuen Besen sollten eines nicht vergessen:

Nur die alten Besen wissen, wo der Schmutz wirklich liegt.

So viel zum Allgemeinen. Nun zum Speziellen. Ich beginne mit einer Spezies Mensch, von der Aristoteles (384–322 v. Chr.) offensichtlich viel gehalten hat. Er war griechischer Philosoph und mußte es ja schließlich wissen:

Wenn ein Beamter jemanden schlägt, so darf man ihn nicht wiederschlagen. Umgekehrt: Wer einen Beamten schlägt, muß nicht nur geschlagen, sondern außerdem noch bestraft werden.

Irgendwelche Einwände? Der österreichische Lyriker Josef Weinheber (1892–1945) sieht's aus der Sicht des Staatsdieners:

Ob großes oder kleines Amt:
Gehorsam sind wir allesamt.
Die Mienen ernst, die Scheitel licht,
tun wir laut Vorschrift unsre Pflicht.

Die Chinesen, die als weise gelten, behaupten:

Ein Wort, das in ein Amt hineingeraten ist, bringen keine zehn Ochsen mehr heraus.

Vom Ochsen zum Schimmel, und damit wieder zu Weisheiten, deren Quelle im Verborgenen liegen:

Es ist relativ unwahrscheinlich,

behauptet besagter Volksmund,

daß jemals der Amtsschimmel wegen Geschwindigkeitsüberschreitung zur Kasse gebeten wird. Oder kann sich jemand vorstellen, daß er mal in Galopp verfällt?

Überhaupt geht der nichtbeamtete Volksmund böse mit unseren lieben Staatsdienern um. Ob aus Erfahrung, Neid oder Nichtwissen, sei dahingestellt, da Leser aus beiden Lagern zu den meinen gehören. Um es mir mit niemandem zu verderben, belasse ich es deshalb beim Zitieren.

Wenn ein Beamter verspricht, er tue,
was er kann, dann kann man davon
ausgehen, daß er nichts kann,

schrieb ein unzufriedener Bürger in einem Beschwerdebrief an das Finanzamt. An ähnlicher Stelle war auch die folgende Erkenntnis zu finden:

Wo liegen die Gemeinsamkeit zwischen Behörden
und Jeans? An den entscheidenden Stellen
sitzen Nieten!

Oder:

Plantage heißen Tage, an denen Beamte sich vornehmen, zu arbeiten.

Einen habe ich noch:

Wie nennt man in Mexiko den Arbeitsplatz eines Beamten? Siesta!

Eine Anmerkung zu einer besonderen Spezies des Beamtentums kann ich mir nicht verkneifen:

Ein besonderes Kennzeichen der Post:
Viele Mitarbeiter werden schneller
befördert als Briefe.

Beamte sind auch die folgenden Herrschaften, von denen behauptet wird:

Gerichtsvollzieher sind Leute, die alles haben wollen, was sie sehen.

Das haben sie mit manchen Ehefrauen gemeinsam ...

Und dann war da noch ...

... der Radiergummi,
den die Fehler der anderen immer ganz fertig machen.

Doch nun genug *dieser* Häme. Ich komme zu den Soldaten, die ja auch nicht nur Freunde haben. Friedrich Schillers Meinung war hier jedoch ganz eindeutig:

Denn dieses ist der Freien einz'ge Pflicht,
das Reich zu schirmen, das sie selbst beschirmt.

So spricht Bürger Stauffacher im II. Aufzug, 2. Szene von Wilhelm Tell. Der Bundesverteidigungsminister wird's gern hören. Doch schon wenig später, nämlich in der 3. Szene des III. Aktes (der berühmten Apfelschußszene), sagt ausgerechnet Landvogt Geßler zu Tell:

Gefährlich ist's, ein Mordgewehr zu tragen,
und auf den Schützen fällt der Pfeil zurück.

Bliebe noch Goethes Faust, der es in der Hochgebirgs-Szene von Faust II auf den Punkt bringt:

Schon wieder Krieg! Der Kluge
hört's nicht gern.

Aus unbekannter Quelle stammt die folgende Szene:

Wir haben den Krieg verloren,
sagt der General.
Tut mir leid, bei uns wurde keiner
abgegeben, antwortete der Mann vom
Fundamt emotionslos.

Hoffentlich findet ihn nachträglich keiner mehr...
Noch eine kurze Metapher zu diesem schrecklichsten aller Themen:

Kriege sind das Zahnfleischbluten
am Zahn der Zeit.

Auch der Physiknobelpreisträger Albert Einstein (1879–1955) hat sich mit diesem Thema beschäftigt:

Ich weiß zwar nicht, welche Waffen im nächsten Krieg zur Anwendung kommen, wohl aber, welche im übernächsten:
Pfeil und Bogen.

Und um nun die Kurve zu weniger Tiefschürfendem zu kriegen, hier eine Meldung aus dem Papierkorb des Verteidigungsministeriums:

Aus Proporzgründen will die Bundeswehr jetzt parallel zum Feldwebel beim Heer den Seewebel bei der Marine und den Luftwebel bei der Luftwaffe einführen.

Na wunderbar! Sollten Sie bisher Sinniges oder Unsinniges über Ihren eigenen Beruf vermißt haben, vielleicht werden Sie bei den folgenden Weisheiten fündig.

Gott hält nicht über alle die Hand. Beim Akrobaten hält er sie drunter.

Wer nicht genügend Gottvertrauen hat, arbeitet lieber mit Netz und doppeltem Boden. Um letzteren geht es in der nächsten Weisheit.

Nicht jeder Bauer, der seine Scholle liebt, ist begeisterter Fischesser.

Mein lieber Scholli, da ist mal wieder das Wortspiel mit mir durchgegangen. Aber das ist noch harmlos im Vergleich zu dem, was die Holländer über die Landwirte behaupten:

Wer einen Bauern betrügen will,
muß einen Bauern mitbringen.

Doch belassen wir es dabei und kommen zu einem anderen handfesten Beruf, über den Zyniker folgende Bosheit (Wahrheit?) verbreiten:

Im Winter werden vor allem deswegen keine Häuser gebaut, weil die Bierflaschen der Maurer bei der Kälte zerspringen würden.

Zu einem anderen Handwerk fällt mir der folgende Kalauer ein:

Einen staatlich geprüften Starkstromelektriker nennt man Akkurat.

Und diese Frage brennt mir schon lange auf den Nägeln:

Kann es sein, daß die Textilgewerkschaft den Manteltarifvertrag erfand?

Für alle, die – wie ich – handwerklich höchst unbegabt sind, der folgende Trost:

Auch Leute mit linken Händen können ohne Anstrengung Schweißarbeiten ausführen: in der Sauna.

Lassen Sie mich ein paar Anmerkungen zu meinem eigenen Berufsstand einflechten, der – wie mir scheint – generell wenig beliebt ist, aber ohne den letztlich doch kaum einer auskommt. Denn schließlich heißt es:

Journalisten sind die Geburtshelfer und Totengräber der Zeit.

Der das gesagt hat, war übrigens selber einer: Karl Gutzkow (1811–1878), ein freisinnig denkender Mensch des jungen, revolutionären Deutschlands im 19. Jahrhundert. Von unbekannter Quelle stammt die Definition:

Die Qualität guter Journalisten
besteht darin, Lügen brillant zu verpacken.

Einer, der zweifelsohne zu den Guten zählt, ist der Gründer der Illustrierten Stern, Henri Nannen (Jahrgang 1913). Er hat erkannt:

Die Macht der Presse besteht darin,
daß ein paar Leute daran glauben,
hauptsächlich Politiker. Und die wollen wir dabei lassen.

Daß dies kein leerer Spruch ist, beweist einer der größten Feldherrn der Geschichte, Kaiser Napoleon I. Bonaparte (1769–1821). Er gestand:

Ich fürchte drei Zeitungen mehr
als Hunderttausende Bajonette.

Aha – daher der Begriff von der spitzen Feder! Ehe wir uns nun mit einer Spezies Mensch beschäftigen, deren Art von Arbeit vielen von uns für immer ein Rätsel bleiben wird, hier noch ein Spruch für alle, die mit ihrem Job unzufrieden sind:

Kündigung ist ein Zeichen der Reue für verschwendete Zeit.

Und dann war da noch ...

... der Glasermeister,
der seinen Kindern zu Weihnachten immer Steinschleudern, Fußbälle und Ziegelsteine schenkte.

... der Nachtwächter,
der hundert Mark pro Tag verdiente.

Was kann schöner sein auf Erden als Politiker zu werden? (Reinhard Mey)

Diese Frage gilt es, im folgenden zu beantworten

Otto Fürst von Bismarck antwortet als Erster:

Ich kann versichern: Die Politik ist keine Wissenschaft, die man lernen kann. Sie ist eine Kunst, und wer sie nicht kann, der bleibt besser davon.

Dies würde so manches an Blassem und Farblosem in unseren Parlamenten erklären, doch nicht ich, sondern ein gewisser William Gladstone (1809–1898), britischer Liberaler und Zeitgenosse Bismarcks, soll hier eine Klärung der Begriffe tätigen:

Der Politiker denkt an die nächsten Wahlen, der Staatsmann an die nächste Generation.

Alles klar? Es fehlt uns nicht an Politikern, es fehlt uns an Staatsmännern und -frauen! Das erleichtert mich aber, zudem Benjamin Disraeli (1804–1881), britischer Konservativer und Zeitgenosse der beiden Erstzitierten, zu meiner und hoffentlich Ihrer Beruhigung beiträgt:

Das Wort »Endgültig« gibt es nicht in der Sprache der Politik.

War es nicht Konrad Adenauer, der da sagte:

Wat kümmert mich mein Jeschwätz von jestern?

Ein gewisser Bernhard Brigl soll es übrigens gewesen sein, der 1881 feststellte:

Politik verdirbt den Charakter.

Dem hält der frühere österreichische Bundeskanzler Julius Raab (1891–1964) entgegen:

Nicht die Politik verdirbt den Charakter, sondern ein verdorbener Charakter verdirbt die Politik.

Eine geniale Idee, zu Steuergeldern zu kommen und uns von der Plage des Politikers zu befreien, hat der Komödienautor Curt Goetz (1888–1960) parat:

Wie wäre es, alle Politiker in einen zoologischen Garten zu stecken und aus dem Eintrittsgeld die Welt zu sanieren?

Nicht in den Zoo, sondern in ein Flugzeug möchte der Liedermacher Reinhard Mey am liebsten all jene Herrschaften stecken:

Laßt sie reisen, laßt sie sich auf unsre Kosten amüsiern,
Herzlich gern, solange sie nur nicht versuchen, zu regiern!

Was nämlich in einem solchen Fall passieren kann, beschreibt Bertrand Russell:

Der Wissenschaftler bemüht sich, das Unmögliche möglich zu machen.
Der Politiker bemüht sich, das Mögliche unmöglich zu machen.

Nun, Russell war Wissenschaftler. Wir unterstellen ihm deshalb Voreingenommenheit. Doch zweifelsohne haben Politiker bei ihren Bemühungen, wie auch immer sie geartet sein mögen, eine ganz eigene Sprache. Wollen wir die Worte mal kurz vom ollen Reichskanzler Bismarck untersuchen lassen?

Wenn ein Politiker sagt, er stimme einer Sache grundsätzlich zu, bedeutet das, er hat nicht die geringste Absicht, sie in der Praxis durchzuführen.

Was müssen die meisten Politiker für ein schlechtes Gewissen haben! Jedenfalls wenn man den Worten des französischen Politikers und Schriftstellers André Malraux (1901–1976) folgt:

Verständliche Sprache bei einem Politiker zeugt von gutem Gewissen.

Eine besondere Gattung der Politiker sind die Diplomaten. Bei ihnen ist alles genau umgekehrt, wenn man dem britischen Schriftsteller Lawrence Durrell (Jahrgang 1912) Glauben schenken darf:

Ein Diplomat ist ein Mann,
der dreimal scharf nachdenkt,
bevor er den Mund hält.

Ein Rat, der sich mühelos auf andere Gebiete des Lebens anwenden ließe. Aber wer findet sich schon, der ihn auch befolgt? Also plappern wir weiter.

Und zwar lassen wir die zu Wort kommen, die sehr direkt mit Politikern zu tun haben: die Wähler. Sie verkünden ihre Kommentare selten in Bücher oder Reden, sondern in jüngster Zeit vor allem an Wände und Mauern. Kurz, bündig, treffend. Ich habe das Folgende von dort abgeschrieben und meine, dem ist wenig hinzuzufügen.

Schiebung macht den Meister.

Ich antworte mit einem entschiedenen Vielleicht!

Demokratie heißt:
Bei uns darf jeder denken, was er sagt.

Gestern waren wir am Abgrund.
Heute sind wir einen Schritt weiter.

Alle Politiker beschwören die Eintracht.
Warum nie den FC Bayern, Hertha BSC oder Schalke 04?

Ein Politiker, der glaubt, was er sagt,
ist schlimmer als einer,
der wenigstens weiß, daß er lügt!

Jeder Politiker ist zu etwas gut.
Und sei es als abschreckendes Beispiel.

Wer auf seinem Weg nach oben andere beseite räumt,
gilt in der Politik oft als einer, der für Recht und Ordnung sorgt.

Einen Politiker mit Rückgrat zu finden,
ist so schwer wie mit gekochten Spaghettis Mikado zu spielen.

Klar wollen Politiker mein Bestes.
Aber sie kriegen es nicht,
weil es schon das Finanzamt hat.

Nieder mit den Wahlen!
Wir Wähler lassen uns nicht länger unter
Entscheidungsdruck setzen!

Ich habe noch nie Politiker quietschen gehört.
Und trotzdem wird immer wieder versucht,
sie zu schmieren.

Die Steigerung: Feind, Todfeind, Parteifreund.

Die folgende Aussage des liberalen deutschen Politikers Otto Graf Lambsdorff (Jahrgang 1926) ist erstens wunderschön und paßt sowohl in dieses als auch ins nächste Kapitel. Ich setze es sozusagen mittenmang.

Kolumbus war der erste Planwirtschaftler.
Er fuhr los und wußte nicht, wohin.
Er kam an und wußte nicht wo er war.
Und er machte das alles mit anderer Leute Geld.

In diesem Sinne – laßt uns klingende Münze hören!

Jeder Politiker ist zu etwas gut.
Und sei es als abschreckendes Beispiel.

Berufe mit Zukunft

10 heiße Tips für die freie Wirtschaft

Gabelstapler

Hosenträger

Müllschlucker

Zitronenfalter

Angelsachse

Lippenstift (Ausbildungsberuf)

Raupenschlepper

Rauchverzehrer

Scheinwerfer

Flugzeugträger

Es muß nicht immer Miss Universum sein!

Missen, die Sie immer schon kennenlernen wollten

Miß Geburt

Miß Lungen

Miß Gunst

Miß Geschick

Miß Trauen

Miß Raten

Miß Handlung

Miß Verständnis

Miß Griff

Miß Brauch

Miß Wirtschaft

Miß Issippi

Miß Ionar

Miß Asolemnis

Und als Trost allen Leidensgenossen und -innen, die sich fragen, warum ausgerechnet sie nicht aussehen wie diese herrlichen Menschen aus den amerikanischen Fernsehserien, die folgenden Sprüche aus der Szene:

Wer schöner ist als ich,
ist geschminkt!

Immer, wenn ich morgens
in den Spiegel schaue,
denke ich, wir haben Besuch.

Ich war mal jung und schön.
Jetzt bin ich immerhin noch und.

Kurz und gut, wir nähern uns einer Phase, von der der Erzähler Wilhelm Raabe (1831–1910) sagt:

Alter – es ist die Zeit,
wo die Erinnerung an die Stelle
der Hoffnung tritt.

Klarer Fall: Alt werden wollen wir alle, doch alt sein will niemand. Deshalb erscheint Karl Kraus' Weisheit nur zu berechtigt:

Keine Grenze verlockt mehr zum Schmuggeln als die Altersgrenze.

Und Marie von Ebner-Eschenbach hat erfahren:

Daß alles vergeht,
weiß man schon in der Jugend.
Aber wie schnell alles vergeht,
erfährt man erst im Alter.

Immer wenn ich morgens in den Spiegel schaue denke ich, wir haben Besuch.

Der französische Schauspieler Michel Simon (1895–1975) stellte fest, was nicht nur für seine Zunft gilt:

Der moderne Mensch in seiner Grausamkeit hat ein elftes Gebot erfunden:
Du darfst nicht alt aussehen.

Es stimmt schon: Im Alter sehen wir meist ziemlich alt aus – und alle einander ähnlich. Und *danach* sehen wir alle sogar einander gleich, oder, um einmal das Buch der Bücher, zu zitieren:

Zu Staub bist du, zum Staub mußt du zurück.

So sprach Gott im 1. Buch Moses, 3,19 zu Adam, nachdem der von diesem verflixten Apfel gebissen hatte. Der römische Dichter Horaz tat zum Staub noch etwas dazu, indem er in den Oden IV, 7, behauptete:

Staub und Schatten sind wir.

Lassen wir es dabei bewenden.

Geld regiert die Welt
(Publilius Syrus)

Und dieses Kapitel

Schon Cicero wußte Bescheid:

Keine Festung ist so stark, daß Geld sie nicht einnehmen kann.

Was sein Landsmann, Kaiser Vespasian (9–79 n. Chr.), mit der Behauptung unterstreicht:

Geld stinkt nicht.

Er hatte damals eine Art Toilettensteuer erhoben. Wenn man weiß, wie unsereins heutzutage staatlicherseits ausgebeutet wird, war dies ein wahrlich humanitärer Akt.

Denn die Devise des Staates und derer, die ihn lenken, lautet doch heute:

Wir leben zwar über unsere Verhältnisse,
aber noch lange nicht standesgemäß.

Für das Geschick des Staates, stets mehr auszugeben als

einzunehmen, hat der Volksmund folgenden Begriff geprägt:

Das Finanzgebaren von Finanzministern nennt man Känguruh-Taktik:
Große Sprünge mit leerem Beutel.

Kommen wir in den privaten Bereich, der sich nicht immer vom öffentlichen unterscheidet. Für Staat und Familie gilt gleichermaßen:

Ein Finanzgenie ist ein Mann,
der sein Geld schneller verdient,
als seine Familie es ausgibt.

Danny Kaye, steinreicher Hollywoodschauspieler, kam zu der Weisheit:

Jede Frau ist imstande, aus einem Mann einen Millionär zu machen.
Falls er vorher Milliardär gewesen ist.

Derselbe Herr äußerte im übrigen den wirtschaftspolitischen Lehrsatz:

Geld allein macht nicht glücklich.
Es gehören auch noch Aktien, Beteiligungen, Gold und Grundstücke dazu.

Gehen wir davon aus, daß er von allem reichlich hatte. Genau wie unser nächster Gast – Autokönig Henry Ford (1863–1947). Er sieht die Verbindung zwischen Geld und Geschäft – wer hätte das gedacht – moralisch:

Ein Geschäft, das nichts als Geld verdient, ist ein schlechtes Geschäft.

Geld stinkt nicht

Adam Smith (1723–1790), einer der genialsten Wirtschaftsfachleute aller Zeiten, macht sich Gedanken über den Sinn von Geschäften:

Der Mensch ist das einzige Lebewesen, das Geschäfte macht.
Kein Hund tauscht einen Knochen mit einem anderen.

Winston Churchill nimmt Leute, die Geschäfte machen, ganz eindeutig in Schutz. Er sagt:

Manche Leute halten den Unternehmer für einen räudigen Wolf, den man totschlagen müsse. Andere sehen in ihm eine Kuh, die man ununterbrochen melken könne. Nur wenige erkennen in ihm das Pferd, das den Karren zieht.

Ob er da den Vergleich zum Politiker im Hinterkopf hatte? Sei's drum. Über Geld und Geschäft hat jedes Land ungezählte eigene Weisheit. Meist werfen sie ein entsprechendes Licht auf seine Bewohner. Doch urteilen Sie selbst:

Wenn Hunde hinken, Weiber weinen und Kaufleute schwören, hat das wenig zu sagen.
Aus Dänemark

Kauf kein Salz, ohne daran geleckt zu haben.
Aus dem Kongo

Ein guter Kunde wechselt drei Jahre lang nicht das Geschäft.
Ein gutes Geschäft wechselt drei Jahre lang nicht den Kunden.
Aus China

Beim Essen und bei Geschäften sollst du nicht bescheiden sein.
Aus Indien

Geh mit deinem Freund zum Essen. Aber mach mit ihm keine Geschäfte.
Aus Armenien

Man kann nicht die Kuh verkaufen und die Milch behalten.
Aus Schottland

Geld macht nicht glücklich. Doch es erlaubt uns, auf verhältnismäßig angenehme Weise, unglücklich zu sein.
Aus Amerika

Von allen Fähigkeiten ist die Zahlungsfähigkeit die beliebteste.
Aus Deutschland

Lassen wir es gut sein mit den globalen Definitionen zum Thema Geld und Handel. Ein erfrischend unkompliziertes Verhältnis zu allem Pekuniären haben meist die Leute, die nichts besitzen. Ihnen bleibt immerhin noch der Galgenhumor. Und der geht so:

Ohne Moneten
werden Minuten
zu Monaten.

Achselhaare sind das einzige,
was jeder Mensch schon einmal unter den Armen verteilt hat.

Gelegenheit macht Schulden.

Es ist immer dasselbe mit mir:
Am Ende des Geldes ist noch jede Menge Monat übrig.

Was tun in einem solchen Falle? Klar – sich etwas borgen. Doch dabei stets an Benjamin Franklin denken, der nicht nur den Blitzableiter erfand, sondern auch die Feststellung traf:

Gläubiger haben ein besseres Gedächtnis als Schuldner.

Anscheinend war er auf diesem Gebiet reichlich bewandert, ohne daß ich Ihnen sagen kann, ob als Geber oder als Nehmer. Denn auch die folgende Sentenz stammt von ihm:

Wenn du den Wert des Geldes kennenlernen willst, versuche, dir welches zu borgen.

Und zum Abschluß eines Kapitels, das je nach Kontostand traurig oder fröhlich stimmt, ein paar Kalauer aus der eigenen Fälscherwerkstatt:

Der Neandertaler ist keine Münze!

Unser Wirtschaftstip:
Investieren Sie in Knochenmark oder Tomatenmark.
Die Inflationsrate ist in beiden Fällen erstaunlich gering.

Von der Frankfurter Devisenbörse war zu hören,
daß dort jetzt wohl auch langsam der Groschen fällt.

Ich hoffe, bei Ihnen auch. Deswegen schreiten wir zum nächsten Kapitel.

Und dann war da noch...

...der Kunstmaler,
der ein Spiegelei auf die Leinwand klatschte und das Ganze als Sonnenaufgang verkaufte.

Alles Unglück stammt von mangelnder Berechnung (Brecht)

Und führt, wenn's dumm geht, hinter Gitter

Der geistige Sprung von Geld zum Verbrechen ist gleich null – denn die meisten Verbrechen geschehen aus Geldgier. Oder Liebe. Wie auch immer: Sophokles (496–406) hat sicher nicht unrecht, wenn er uns daran erinnert:

Frei von Unglück ist niemand.

Und um dieses heikle Thema einmal so richtig lyrisch zu behandeln, lassen wir Schillers Cajetan im vierten Akt der *Braut von Messina* zu Wort kommen:

Durch die Straßen der Städte,
von Jammer gefolget,
schreitet das Unglück.
Lauernd umschleicht es
die Häuser der Menschen,
heute an dieser
Pforte pocht es,
morgen an jener,
aber noch keinen hat es verschont.

Wahrlich: ein schwacher Trost, vor allem, wenn das Unglück nicht pocht, sondern in Form ungebetener Gäste Einlaß durchs Kellerfenster oder dergleichen begehrt.
Dazu folgender höherer Blödsinn aus meiner verschrobenen Gedankenwelt:

Der Einbruch der Dunkelheit bleibt weiterhin ein kriminalistisches Rätsel – vom Ausbruch des Vesuvs ganz zu schweigen.

Oder der:

Neulich las ich, daß jemand
in einer Nacht sieben Villen
erbrochen hat.
Wie hat er die bloß vorher runtergekriegt?

Nun möchte ich mich nicht auf irgendwelche ideologischen Diskussionen einlassen, oder mit dem französischen Sozialisten Pierre Joseph Proudhon (1809–1865) streiten, der da meint:

Eigentum ist Diebstahl.

Er hat sich offensichtlich nicht durchgesetzt, denn nach wie vor werden Leute, die sich am Eigentum anderer vergehen, zur Rechenschaft gezogen. Wie schon Shakespeares Othello sagte:

Zum Raube lächeln heißt
den Dieb bestehlen.

Im Grunde genommen führt auch dieses Kapitel wieder auf den Menschen im allgemeinen und besonderen zurück – allerdings eher in der Weise, wie sie der geniale österreichische Essayist Alfred Polgar (1875–1955) sieht:

Ich glaube an das Gute im Menschen,
ich verlasse mich aber lieber auf das Schlechte in ihm.

Zu beiden Kategorien kann einer gehören, der sich in der folgenden Situation befindet:

Wer sehr viel Geld hat, wird entweder von der Polizei
gejagt oder bewacht.

Der Spötter Oscar Wilde nimmt es von der leichten Seite:

Der einzige Unterschied zwischen einem Heiligen und
einem Sünder besteht darin,
daß jeder Heilige eine Vergangenheit
und jeder Sünder eine Zukunft hat.

Manchmal kann eine solche Zukunft natürlich auch folgendermaßen aussehen:

Er war ein verschlossener Mensch.
Er hatte fünf Jahre bekommen.

Oder:

Er mußte sitzen, weil er gestanden hatte.

In solchen Fällen hilft nur noch der folgende Spruch, der sich in so mancher Knastzelle befindet:

Feile mit Weile!

Und nachdem sich ja so mancher Einbrecher, Geldfälscher oder Taschendieb eher als Künstler denn als Gau-

Feile mit Weile!

ner versteht, können wir uns jetzt getrost und ohne schlechtes Gewissen, jedoch mit viel Verständnis für die Technik des Feilens, dem nächsten Kapitel zuwenden.

Und dann war da noch...

...der Dieb,
der das Fahrrad vor dem Friedhof nur deswegen geklaut hatte, weil er dachte, der Besitzer sei gestorben.

...der Schüler,
der in Betragen ein »Ungenügend« hatte.
Und das, obwohl sein Vater wegen guter Führung drei Jahre früher aus dem Gefängnis entlassen wurde!

Was alle trifft, erträgt man leicht (Ramler)

Trostworte für alle Lebenslagen

Bei großen Schmerzen wirken Worte wie Fliegen auf Wunden,

sagen die Franzosen. Deshalb hier ein paar Worte des Trostes, die möglicherweise Ihre letzten sein könnten. Falls Sie in die Versuchung geraten, sie wirklich anzuwenden.

Was nutzt es dir, ein dummes, häßliches Mauerblümchen zu sein, wenn du dabei nicht glücklich bist?

Sei nicht traurig, wenn es dir schlecht geht. Dafür geht es eben anderen besser.

Arme Leute haben weit heim. Bist du zu Fuß da?

Kein Mensch kennt Dich. Und das, obwohl du nie etwas Bedeutendes zustande gebracht hast.

Merke:

Das falsche Wort zur falschen Zeit
– rum ist's mit der Zufriedenheit.

Ich weiß, daß ich nichts weiß (Sokrates)

Trotzdem: Dieses Kapitel ist ein Lob der Technik!

Es ist die Technik, die uns Macht gibt. Und das weiß man nicht erst seit heute. Antoine de Rivarol (1753–1801) beispielsweise, italienisch-französischer Schriftsteller und Essayist, gab schon vor 200 Jahren zu bedenken:

Der Mensch ist das einzige Tier, das Feuer machen kann. Das hat ihm die Herrschaft über die Erde gebracht.

Und dieses Feuermachen ist ja im Grunde weiter nichts als – Beherrschung der Technik. Manchmal scheint es jedoch, als werden wir die Geister nicht mehr los, die wir riefen. Oder, um mit Albert Einstein zu sprechen:

Wenn ich die Folgen geahnt hätte, wäre ich Uhrmacher geworden.

A propos Uhr:

Eine Schweizer Firma hat eine Uhr entwickelt, die für eine Stunde nur noch 52 Minuten und 12 Sekunden braucht!

Aber das nur so am Rande. Jeder Mensch, der eine Ahnung von technischen Zusammenhängen hat, erweckt in einem Doppellinkshänder wie mir höchste Achtung. Doch all dieses Genie wird meist sehr schnell wieder auf den Boden der Tatsachen geholt. Zum Beispiel von Sätzen wie diesen:

Man kann an Nobelpreisträger
nicht die gleichen Anforderungen
stellen wie an Karnickelböcke, die
mehrmals im Jahr verpflichtet sind,
für große Würfe zu sorgen.

Respekt vor soviel Selbstironie! Der Herr, der dies erkannte, hieß Werner Forßmann (1904–1979). Wir verdanken ihm den Herzkatheder und er ist selbstverständlich – Nobelpreisträger.

Nach wie vor guter Hoffnung, einen Nobelpreis zu kriegen, ist die folgende Gruppe. Aber:

Einem italienisch-österreichischen
Straßenbau-Unternehmen ist bisher jeder
Versuch mißglückt, einen nichtüberdachten
Tunnel durch den Brenner zu bauen.

Man hört, es gäbe dortzulande auch immer mal wieder Probleme mit ganz normalen Brückenkonstruktionen über ganz normale Flüsse. Doch bereits der Zoologe Thomas H. Huxley (1825–1895), Großvater des noch berühmteren Schriftstellers Aldous Huxley, erkannte:

Die Tragödie der Wissenschaft –
das Erschlagen einer schönen Hypothese
durch eine häßliche Tatsache.

Die da lauten könnte:

Sie können Ihren Fotoapparat auch dann verlieren,
wenn er einen eingebauten Sucher hat!

Alles in allem bleibt jedoch zu sagen: Wir leben in einer fortschrittlichen Zeit. Und irgendwann wird es auch mal Fotoapparate geben, die einem nachlaufen, wenn man sie vergißt. Doch manchmal kommt es auch zu Entwicklungen, die der amerikanische Filmkomiker Jack Lemmon (Jahrgang 1925) folgendermaßen beschreibt:

Den Fortschritt erkennt man daran, daß Leute, die früher Angst hatten, mit einer Düsenmaschine zu fliegen, jetzt Angst haben, in einer Pferdekutsche zu fahren.

Genausogut können Sie sich an diesen meinen Ratschlag halten:

Wenn die Treppe kaputt ist,
nehmen Sie eben den Fahrstuhl.

Computerfachmann Dan Rather weiß:

Irren ist menschlich. Aber wenn man richtigen Mist bauen will, braucht man einen Computer.

In diesem Sinne:

Es gibt viel zu tun. Rotten wir's aus!

Oder, wie ein unbekannter Grafittikünstler anregte:

Stell dir vor, es würde gehen,
aber keiner kriegt's hin!

Es gibt viel zu tun.
Rotten wir's aus!

Eigentlich wollte ich einen Lamborghini.
Aber ich wußte nicht, wie man das ausspricht.

Kommen wir zu einem Wunder der Technik, ohne das heute nichts, aber auch schon gar nichts mehr geht: dem Auto. Henry Ford – und er wußte, wovon er sprach – war der Auffassung:

Ein vernünftiges Auto soll seinen Besitzer überallhin transportieren – außer auf den Jahrmarkt der Eitelkeiten.

Heute *ist* das Auto in vielen Fällen Ausdruck eben dieses Jahrmarktes. Der schwäbische Schriftsteller Gerhard Grüninger (Jahrgang 1913) sieht es jedoch für meine Begriffe ein wenig einseitig, wenn er behauptet:

Die Liebe eines Mannes geht durch den Magen.
Die Liebe der Frau geht durch den Wagen.

Nun wird man ja wohl nicht bestreiten, daß eben im Schwabenländle die besten Autos der Welt hergestellt werden. Die Chancen, diese – und andere – vornehme Karrossen noch für den Zweck zu verwenden, für den sie gebaut wurden, schwinden jedoch ständig. Peter Sellers Kommentar ist längst nicht mehr überspitzt:

Die Endstufe der Motorisierung ist erreicht,
wenn das Parken mehr kostet als das
Autofahren.

Und ein französischer Motorsportjournalist hat demgemäß einmal die Frage in den Raum geworfen:

Haben sich die Autokonstrukteure eigentlich
schon Gedanken darüber gemacht, daß
der Wagentyp der Zukunft hauptsächlich
für die Garage bestimmt ist?

Ebenfalls von einem Franzosen namens Roger Berthoud stammt der chauvinistische Spruch:

Viele Deutsche fahren wie Selbstmörder,
die noch eine letzte Hemmung
zu überwinden haben.

Ich erspare mir jede billige Retourkutsche, sondern denke vielmehr darüber nach, außer vielleicht der, daß Frankreich das einzige Land ist, in dem ein Autounfall als natürliche Todesursache anerkannt wird.

Beschäftigen wir uns lieber mit dem Fahrer, der als Aufkleber am Heck seiner »Ente« stehen hatte:

Eigentlich wollte ich einen Lamborghini.
Aber ich wußte nicht, wie man das ausspricht.

Und nun noch ein paar persönliche Anmerkungen zu diesem Thema, die sich jeder motorisierte Zeitgenosse hinter die Ohren schreiben sollte.

Wenn Ihnen der Verkäufer einen Gebrauchtwagen als Osterangebot offerieren will,
kann das daran liegen, daß die Räder eiern.

Es ist ein Irrtum, zu glauben,
daß ein Auto mit den Bremsbacken kaut.

Kuppeln ist eine Handlung,
die außerhalb von Kraftfahrzeugen
strafbar sein kann.

Bei einem Kolbenfresser handelt es sich nur in Ausnahmefällen um einen Vegetarier mit Vorliebe für Mais.

Man kann zwar in einem Wohnwagen wohnen, einem Liegewagen liegen und einem Schlafwagen schlafen. Aber man kann nicht in einem Kraftwagen kraften, geschweige denn in einem Volkswagen volksen.

Eine Autobiographie ist die selbstgeschriebene Lebensgeschichte eines Kraftfahrzeuges.

Und abschließend noch die Erkenntnis eines anonymen Zynikers:

Wenn ein Mann einer Frau die Autotür aufhält, ist entweder die Frau neu oder das Auto.

Du und dein Haushalt!

Tips und Grübeleien, die zu nichts führen

Marktflecken beseitigen Sie am einfachsten mit Wasser, Seife und etwas Dynamit.

Jeder redet über zu viel Müll.
Aber beschweren Sie sich mal bei den Hennen, daß sie Eigelb und Eiweiß ausschließlich in Einwegschalen liefern!

Der Wohnungsbauminister hat dementiert, daß der Austausch von WC-Brillen gegen Haftschalen steuerlich gefördert werden soll.

Achten Sie bitte darauf, daß selbst Wachskerzen laufend kleiner werden.

Nicht jeder, der eine hohe Stromrechnung hat, muß auch eine Leuchte sein.

Ernst ist das Leben, heiter die Kunst (Schiller)

Na, dann wollen wir mal...

Kunst kommt von Können heißt es. Doch die Definitionen dieses Begriffes, ohne den unser Leben um soviel ärmer wäre, gehen weit auseinander. So weit, daß sie allein schon oftmals Kunst sind.

Eines der größten Genies – für mich jedenfalls – hat es ganz einfach gesagt, Vincent van Gogh (1853–1890):

Kunst ist Mensch plus Natur.

Bleiben wir bei den Malern. Pablo Picasso (1881–1973), stellt fest:

Das Geheimnis der Kunst liegt darin, daß man nicht sucht, sondern findet.

Und dann fährt er – vermutlich durch Erfahrung am eigenen Werk geprägt – fort:

Eine Kunstrichtung hat sich erst dann durchgesetzt, wenn sie auch von den Schaufensterdekorateuren praktiziert wird.

Anselm Feuerbach (1829–1880), man merkt es, ist ein Praktiker. Er weiß:

Um ein guter Maler zu sein, braucht es vier Dinge: Weiches Herz, feines Auge, leichte Hand und immer frischgewaschene Pinsel.

Doch letztlich sind es zwei Paar Stiefel: das Ergebnis künstlerischer Bemühungen aus der Sicht des Produzenten und aus der Sicht der Kunstbetrachter. Hören wir Jules de Goncourt (1830–1870), Kunstfreund und Romancier:

Niemand auf der Welt bekommt so viel dummes Zeug zu hören wie die Bilder in einem Museum.

Danke für die Überleitung, werter Herr! Wir kommen also zum – Hören! Denn, so weiß der Philosoph Friedrich Nietzsche (1844–1900):

Ohne Musik wäre das Leben ein Irrtum.

Ins gleiche Horn stößt dreist – Heinrich von Kleist (1777–1811):

Ich betrachte die Musik als die Wurzel aller übrigen Künste.

Auch Johann Wolfgang von Goethe will dieser Lobhudelei nicht nachstehen:

Ein Talent, das jedem frommt,
hast du in Besitz genommen.
Wer mit holden Tönen kommt,
überall ist der willkommen.

Das Geheimnis der Kunst liegt darin,
daß man nicht sucht, sondern findet.

Schreibt er am 10. Februar 1827 an den Dirigenten und Komponisten Ferdinand von Hiller. Der mag's gern gehört haben. Doch kann man Goethes Aussage verallgemeinern?

Ich behaupte: nein! Der Beweis: Wilhelm Busch! In seiner Gedichtreihe *Dideldum* existiert nämlich ein Werk namens *Der Maulwurf*, worin ein Gärtner namens Knoll behauptet:

Musik wird oft nicht schön gefunden,
weil sie stets mit Geräusch verbunden.

Und die Briten, die immerhin Größen wie die Beatles und den Punk hervorgebracht haben, kritisieren lakonisch:

Musik heilt kein Zahnweh.

Dazu ein Kalauer aus eigener Feder:

Isolierband heißt eine Musikkapelle,
die keiner hören will.

Es soll ja Leute geben, die dadurch zu Reichtum kamen, daß sie ihrem Kind ein Klavier kauften. Nicht, daß das Kind ein berühmter Pianist geworden wäre – doch die Grundstückspreise in besagter Gegend sollen rapide gesunken und in den Besitz besagter Leute gelangt sein, die daraufhin ihren Kindern das Klavier schleunigst wieder wegnahmen.

Doch genug davon. Lassen wir lieber noch einmal in dieser Angelegenheit Wilhelm Busch zu Wort kommen:

Ein gutes Tier ist das Klavier,
still, friedlich und bescheiden.
Und muß dabei doch vielerlei
erdulden und erleiden.

Man stelle sich vor:

Es soll Pianisten geben, die ihr Instrument für ein mißratenes Musikstück verantwortlich machen und mit dem Schimpfwort »Kotflügel« belegen!

Und auch das gibt's:

Einem Klavierspieler in einer Wattenscheider Pianobar gelang es, den Minutenwalzer in 49,3 Sekunden zu bewältigen!

Doch nicht nur das Klavier, auch andere Musikinstrumente haben ihre Probleme:

Das depressivste Musikinstrument ist das Akkordeon. Es hat die meisten Falten.

Der Cellist Pablo Casals (1876–1973) hat schon recht:

Die ultramodernen Komponisten prügeln die Ohren,
die ultramodernen Maler prügeln die Augen,
die ultramodernen Schriftsteller prügeln den Verstand.

Mark Twain (1835–1910) hat's ebenfalls erfaßt:

Es ist idiotisch, sieben oder acht Monate an einem Roman zu schreiben, wenn man in jedem Buchladen für zwei Dollar einen kaufen kann.

Er soll trotzdem an seiner Schreiberei ganz gut verdient haben. Und vielleicht kannte er das folgende Wort von Jean Paul:

Solange ein Mensch ein Buch schreibt, kann er nicht unglücklich sein.

Und nun verrate ich Ihnen ganz gegen mein eigenes Interesse (und das meines Verlages) einen Gedanken von Arthur Schopenhauer:

Neun Zehntel unserer ganzen jetzigen Literatur haben keinen anderen Zweck, als dem Publikum einige Taler aus der Tasche zu spielen. Dazu haben sich Autor, Verleger und Rezensent fest verschworen.

Auf Ehre: Dieses Buch hier gehört zum restlichen Zehntel. Und im übrigen nehme ich für mich die Worte Molières in Anspruch:

Man kann ein anständiger Mensch sein
und doch schlechte Verse machen.

Ätsch! Doch kann man auch ein anständiger Mensch und schlechter Schauspieler sein? Wir hören die Worte des französischen Moralisten Jean de la Bruyère (1645–1696):

Der Stand der Schauspieler galt bei den Römern für schimpflich, bei den Griechen für ehrbar. Heute denken wir im Grunde über sie immer noch wie die Römer, verkehren mit ihnen aber wie die Griechen.

Auch Johann Jakob Mohr (1824–1886), Schulrektor und

Dichter zu Frankfurt, hielt offenbar wenig von jenem Stand. Er gab zu Protokoll:

Die meisten unserer Schauspieler
sind überall Schauspieler,
ausgenommen auf der Bühne.

Einer derjenigen, die selber zu den größten ihrer Zunft gehören, pflichtet ihm bei. Sir Laurence Olivier (Jahrgang 1907) bezieht seine Kritik aber interessanterweise nur auf die Damen des Gewerbes:

Früher träumte jede einigermaßen begabte
Schauspielerin davon, eines Tages ein
Star zu werden. Heute ist es genau
umgekehrt: Wir haben eine Unmenge
Stars, aber kaum eine von ihnen denkt
auch nur im Traume daran, eine
Schauspielerin zu werden!

Aus einer Kritik:

Der Schauspieler mutete sich nichts zu.
Aber seinem Publikum alles.

Und noch zweimal der Volksmund zu besagtem Thema:

Ein undeutlich gesprochenes Theaterstück heißt
Murmelspiel.

Einen schauspielernden Geist nennt man
Phantomime.

Paradox ist, wenn bei der Premiere alles, was Rang hat, in der 1. Reihe sitzt. Doch diese Herrschaften kennen meist den Satz nicht, den Oscar Wilde über sie verbreitet hat:

Der echte Künstler nimmt vom Publikum keine Notiz. Das Publikum existiert für ihn nicht.

Eigentlich sind ja alle Opern-, Theater-, Museums- und Was-weiß-ich-noch-Besucher Kritiker. Doch ein paar ganz besondere Herrschaften fühlen sich bemüßigt, sich auch noch von Berufs wegen so zu nennen. Ihnen die folgenden Aussagen hinter die Ohren:

Es ist leichter, kritisch zu sein als korrekt.
Benjamin Disraeli (1804–1881), britischer Staatsmann und Schriftsteller.

Auch Schlafen ist eine Form der Kritik, vor allem im Theater.
George Bernard Shaw, irischer – und besonders bissiger – Schriftsteller. Für ihn waren auch

Kritiker besonders blutrünstige Leute, die es nicht bis zum Henker gebracht haben.

Der österreichische Kabarettist Georg Kreisler (Jahrgang 1922) bekennt in seinem Chanson *Der Musikkritiker:*

Ich hab' zwar ka Ahnung, was Musik ist,
denn ich bin beruflich Pharmazeut,
aber ich weiß sehr gut, was Kritik ist:
Je schlechter, desto mehr freu'n sich die Leut'!

Belassen wir es dabei. Und beenden wir unseren kleinen Spaziergang durch den Garten der Musen mit einer, die

Für ihn waren auch Kritiker besonders bluttrünstige Leute, die es nicht bis zum Henker gebracht haben.

Den Mächtigsten in der Familie erkennt man daran, daß er bestimmt, welches Fernsehprogramm eingestellt wird.

für manche so gar nicht dazu passen mag: das Fernsehen. Sie wissen ja:

ARD, ZDF und RTL allein
machen auch nicht SAT.

Übrigens: Kennen Sie den Zusammenhang zwischen der Glotze und der Macht? Peter Sellers (1925–1980) definiert ihn so:

Den Mächtigsten in der Familie erkennt man daran,
daß er bestimmt, welches Fernsehprogramm
eingestellt wird.

Immerhin verdanken wir dem Fernsehen eine neue Zeitrechnung, denn:

Die kürzestmögliche Zeiteinheit heißt jetzt ein HECK.
Sie vergeht zwischen dem Erscheinen eines
bekannten Showmasters auf dem Bildschirm
und dem Erreichen meiner »Aus«-Taste
auf der Fernbedienung.

Es steht Ihnen natürlich frei, einen anderen TV-Liebling zu nehmen, oder einen Politiker, oder Ihren Nachbarn. Nur werden Sie sich da mit der Fernbedienung etwas schwer tun. Für manche ist ja auch Herr »Ganoven-Ede« Zimmermann ein Dorn im Auge. Zu dem fällt mir jedoch nur das Folgende ein:

Wieso ist eigentlich bei »XY ungelöst«
noch nie der Rheinfall bei Schaffhausen
zur Sprache gekommen?

Und schließlich wurde auch im Zeitalter des Lokalfernsehens ein alter Spruch von Gottfried Keller abgewandelt:

Keine Kleider machen Leute.
Sagte der Moderator eines TV-Herrenmagazins.

Was diese Magazine betrifft, halte ich es mit dem Kabarettisten Dieter Hildebrandt (Jahrgang 1927):

Der mündige Bürger soll selbst entscheiden, welche Fernsehsendungen er ein- oder ausschaltet. Aber man sollte ihm die Entscheidung erleichtern, indem man einige Sendungen nicht herstellt, die er dann abschalten könnte.

Der italienische Schauspieler Vittorio de Sica (1902–1974) sieht es von der medizinischen Seite:

Fernsehen ist das einzige Schlafmittel, das mit den Augen eingenommen wird.

Bitte dreimal drei Tropfen aufs linke Lid. Doch Vorsicht! Noch ein anderer Körperteil könnte in Mitleidenschaft gezogen werden. Hören wir Robert Lembke:

Es gibt Fernsehprogramme, bei denen man seine eingeschlafenen Füße beneidet.

Natürlich ist es eine Frau, die auf *die* Lösung kommt: Liza Minelli (Jahrgang 1946) ist technisch äußerst begabt, denn sie weiß:

Über die angeblichen Gefahren des Fernsehens kann ich nur lachen. Ein Knopfdruck genügt und jede Gefahr ist vorüber.

So, darüber hätten wir nun auch gesprochen. Fehlt noch was am Ende des Kapitels »Kultur«? Ach ja, klar:

Wenn man über die Musen spricht, darf die Pampelmuse keinesfalls unerwähnt bleiben.

Zufrieden, liebe Pampelmuse? Gut – dann auf zum nächsten Kapitel, in dem du direkt schon wieder vorkommst!

Und dann war da noch ...

... die hochnäsige Schauspielerin,
die jedesmal an ihrem Geburtstag ihren Eltern eine Glückwunschkarte schrieb.

... der Sohn des berühmten Autors,
der unter seine Schulaufsätze immer schrieb: »Alle Rechte vorbehalten, einschließlich die der Verfilmung und Übersetzung.«

Essen und Trinken halten Leib und Seele zusammen
(Sprichwort)

Dieser Tatsache wird hier Rechnung getragen

Alles Schöne im Leben ist verboten,
unmoralisch oder macht dick.
Und manchmal sogar alles zusammen,

sagt der Volksmund. Doch davon lassen wir uns keineswegs abschrecken. Denn wie Giovanni Guareschi (1908–1968), der Autor von »Don Camillo und Peppone«, schon erkannte:

Die Welt ist voll von Leuten, die Wasser predigen und Wein trinken.

Wer so handelt, sollte nie die alten Weisheiten vergessen:

Nichts ist anstrengender,
als ein leichtes Leben zu führen.

und:

Wer alles mitnimmt,
wirkt hinterher ziemlich mitgenommen.

Die Welt ist voll von Leuten, die Wasser predigen und Wein trinken.

Dem wird der Profi entgegenhalten:

Macht nichts, wenn Sie morgens
zerknittert aussehen. Dafür
haben Sie ja den ganzen Tag
gute Entfaltungsmöglichkeiten.

Der deutsche Dichter Friedrich Rückert (1788–1866) schrieb allen Schickimickis der damaligen Zeit ins Stammbuch:

Die Seele vom Genuß, o Freund,
ist dessen Kürze!

Nun, Rückert soll zeit seines Lebens ein kränklicher Mensch gewesen sein. Vielleicht ist sein Ausspruch daher nur ein Ausdruck von Neid. Doch selbst der geheime Geheimrat Goethe meldet sich mahnend zu Wort, und zwar über sein alter ego Faust. In der Hochgebirgsszene merkt er lakonisch an:

Genießen macht gemein!

Wie gemein! Was bleibt uns kleinen Leuten denn dann? Ich zitiere Arthur Schopenhauer. Und Sie werden zurecht fragen: Wieso ausgerechnet diesen Griesgram? Ganz einfach: Weil ich Ihnen den Genuß verderben will:

Es ist wirklich die größte Verkehrtheit,
diesen Schauplatz des Jammers
in einen Lustort verwandeln zu wollen
und statt der möglichsten Schmerzlosigkeit
Genüsse und Freuden sich zum Ziele
zu stecken.

Denn, so der pessimistische Philosoph weiter:

Die höchsten, die mannigfaltigsten und die anhaltendsten Genüsse sind die geistigen, wir sehr auch wir, in der Jugend, uns darüber täuschen mögen.

Genieß es? Vergiß es! Jedenfalls, wenn es nach diesem Herrn ginge. Angewidert klappe ich seine Werke zu und sehe mich nach jemandem um, der mir eher nach dem Munde redet. Und wer kommt da daher? Der Dichter Quintus Horatius Flaccus, kurz: Horaz!

Mein Grundsatz ist: Genießen, was ich habe, und von dem mäßigen Haufen nehmen, was ich brauche, unbekümmert, was dereinst mein Erbe sagen werde.

Und nun wieder eine erfrischende Stimme aus dem Volke, die mit vier Worten in etwa dasselbe sagt:

Ohne Saus kein Braus!

Doch bevor die Sause losgeht muß man respektive Frau sich erst einmal in Schale werfen. Ich persönliche halte es mit Oscar Wilde, der stets zu sagen pflegte:

Ich habe einen ganz einfachen Geschmack.
Ich bin immer mit dem Besten zufrieden.

Der Lateiner sagt:

Über Geschmack läßt sich nicht streiten.

Der Franzose ergänzt:

Jeder nach seinem Geschmack.

Und der Holländer vertritt die Auffassung:

Soviel Häuser, soviel Dächer.
Soviel Mäuler, soviel Geschmäcker.

A propos Mäuler. Der bayerische Komiker Weiß Ferdl (1883–1949) vertrat in seinem *Wagen von der Linie 8* sinngemäß die Auffassung:

Lieber ein angeschmiertes Maul als ein böses.

Im Bayerischen klingt so etwas zwar grob, ist aber selten so gemeint. Doch mir ermöglicht diese Derbheit wieder einmal die nötige Überleitung. Wir waren beim In-Schale-Werfen. Und hier gelten drei eherne Grundsätze der deutschen Kosmetikindustrie:

Schminken bedeutet, aus der Not eine Tugend machen

In dubio pro Deo.

Wo Lid ist, ist auch Schatten.

Macht man sich dann auf den Weg ins große Vergnügen, sollte eines unbedingt berücksichtigt werden:

Auch in einem Etablissement mit dem Schild »No smoking« kann Abendgarderobe erwünscht sein!

Und dann war da noch...

...das jüngste von sieben Kindern,
das immer die Kleidung seiner Geschwister auftragen mußte – als einziger Junge

...der Magnet,
der nicht wußte, was er anziehen soll.

*

Doch nun wünsche ich guten Appetit mit den folgenden Gourmethinweisen unter dem Motto:

Der Mensch ist, was er ißt

In diesem Sinne: guten Appetit

So pflegte bereits der Philosoph Ludwig Feuerbach (1804–1872) in seiner *Lehre der Nahrungsmittel für das Volk* zu lehren.

Vermutlich war die folgende Weisheit in diesem Lehrbuch nicht enthalten:

Lametta ist nichts anderes als verchromtes Sauerkraut.

Dazu paßt eine Strophe aus dem Metzelsuppenlied von Ludwig Uhland (1787–1862):

Auch unser edles Sauerkraut,
wir sollen's nicht vergessen.
Ein Deutscher hat's zuerst gebaut,
drum ist's ein deutsches Essen.

Bleiben wir im Lande und ernähren uns redlich. Drei Hinweise zur deutschen Küche:

Gummipuffer schmecken
ausgesprochen zäh!

Der Mensch ist, was er ißt.

Das Rezept für Menschenauflauf findet sich in keinem Kochbuch.

Jägerschnitzel gibt es in den meisten guten Restaurants erst ab vier Bestellungen. Wer zerschnippelt schon wegen einem einzigen Gast einen ganzen Jäger?

Kommen wir zur russischen Küche. Auch hier zwei wichtige Informationen:

Wer gern Kaviar ißt, gerät in Gefahr, rogenabhängig zu werden.

Ein Versandhaus für Kaviar heißt Störsender.

Auch wenn es jetzt nicht unbedingt hierher paßt, doch zum Thema Versandhaus muß ich unbedingt den folgenden Blödsinn loswerden:

Der einzige Katalog, in dem
keine bunten Bilder drin sind,
ist der Bußgeldkatalog.

Zurück in die Küche, marsch, marsch! Gerade auf internationaler Ebene geschieht es immer wieder, daß man mit der Landessprache nicht zurechtkommt. Clever gemacht haben es die Chinesen, in deren Restaurants eine Bestellung immer ein wenig an das allseits beliebte Spiel »Schiffe versenken« erinnert:

Als Vorspeise A3, dann eine kleine Portion C7, dann Menü F2, aber ohne H8, dafür lieber etwas mehr S4 und zum Trinken ein dunkles Weizenbier. Versenkt!

Oder so ähnlich. Was meinen Freund Werner betrifft,

den ich neulich zu einem Geschäftsessen einladen wollte – er ist eher heikel. Jedenfalls sagte er mir:

Ich mag keine Grafitti.
Ich gehe überhaupt nicht gern
zum Italiener essen.

Wir landeten schließlich beim Jugoslawen, auch wenn ich finde:

Schaschlik ist ein reichlich spießiges Gericht.

Genug geblödelt. Aber sie wissen ja:

Ein voller Bauch studiert nicht gern.

Sagen die Lateiner.

Ein fetter Bauch hat magres Hirn.

Sagt Shakespeare. Genauer gesagt: läßt er Longaville in *Liebes Leid und Lust* sagen.

Und schließlich:

Wir leben nicht, um zu essen, sondern wir essen, um zu leben.

Sagt Sokrates, der Weise (470–399 v. Chr.).

Und selbst wenn Magenknurren in vielen Fällen die einzige innere Stimme ist – die meine sagt mir:

Ich bin nicht zu fett.
Ich bin nur 20 Zentimeter zu klein!

Bleibt nur noch die Erkenntnis:

Wie man sich füttert,
so wiegt man!

Falls nun gar jemand auf den Gedanken kommt, die überflüssigen Pfunde müßten gar nichts mit Essen zu tun haben – recht hat er. Sie können genauso gut vom Trinken herrühren. Und deshalb widmen wir uns nun dieser Art der Nahrungsaufnahme ein wenig intensiver!

Und dann war da noch...

...der Kulturbanause,
dessen Lieblingsinstrument der Essensgong war.

Heute blau, morgen blau ... (Volkslied)

Hier dreht sich alles um die edlen Tropfen

Der französische Schriftsteller Claude Tillier (1801–1844) gibt in seinem Werk *Mein Onkel Benjamin* die Losung für dieses Kapitel aus:

Essen ist ein Bedürfnis des Magens,
Trinken ist ein Bedürfnis des Geistes.

Es ist mir ein Bedürfnis, Sie gleich vorab vor den Folgen übermäßigen Trinkgenusses zu warnen! Nicht daß es hinterher heißt, dieses Buch verharmlose die Süchte. Aber was rede ich? Cassio kann dies in Shakespeares *Othello* viel besser, und zwar im II. Akt, 3. Aufzug:

Trunken sein? Und wie ein Papagei plaudern? Und renommieren und toben, fluchen und Bombast schwatzen mit unserm eigenen Schatten? O du unsichtbarer Geist des Weines, wenn du noch keinen Namen hast, an dem man dich kennt, so heiße Teufel!

So viel zur hohen Literatur. Doch wenn es in die Tiefe des (Kneipen)-Raumes geht, wer wäre da berufener, kluge Sprüche von sich zu geben als die Mitglieder der sogenannten Szene?

Lassen wir sie zu Wort kommen, all die stillen Zecher – ob sie Arbeiter oder Studenten, Lebenskünstler oder Stammgäste sind – und manchmal alles zusammen. Ihr wollt das Wort und das Glas ergreifen, meine Freunde? Aber bitte sehr!

Lieber blau als blöd.
Weil der Rausch vergeht.

Der beliebteste Barbier ist der von Sevilla.
Das beliebteste Barbier ist Pils.

Ein Alkoholiker, der nicht ganz dicht im Kopf ist,
hat eine Blaumeise.

Mein größtes Alkoholproblem:
Ich kann mir keinen leisten.

Steter Tropfen höhlt die Leber.

Was Krupp in Essen,
bin ich in Trinken.

Ein Edelzwicker wird nicht mit der Kneifzange,
sondern mit dem Korkenzieher geöffnet.

Glühwein ist der Name einer Rebsorte,
die am Fuß des Vesuvs wächst.

Ich warte auf ein Zeichen von Gott!
Zum Beispiel könnte er die Schulden in meiner Kneipe bezahlen.

Ich bin wie der Mond: einmal im Monat hell – aber nur, wenn ich voll bin!

Nicht jeder, der einen Kater hat, ist ein Tierfreund.

Nüchterne sind bloß zu doof zum Trinken.

In der Kneipe war es reichlich laut.
Man wußte nicht:
Ließen sie einen hochleben oder brachten sie einen um.

In Eckkneipen geht es oft am meisten rund.

Ich kann ohne dich nicht heben.
Sagte der Zecher zum Bierkrug.

Wer betrunken ist, den kann man nicht für voll nehmen.

Manche Leute, denen das Wasser bis zum Hals steht, ersäufen sich in Champagner.

Also merke:

Wer niemals einen Rausch gehabt,
der ist kein braver Mann.

Wer dies von sich gab, weiß man: der Wiener Schauspieler Joachim Perinet (1765–1816).

Und auch der große Klassiker Gotthold Ephraim Lessing (1729–1781) gibt seinen Senf, respektive Tropfen hinzu:

Zuviel kann man wohl trinken,
doch trinkt man nie genug.

Die Tiroler sind nicht nur lustig, sondern auch lebenserfahren. Deshalb haben sie den folgenden Satz geprägt:

Trink', aber sauf' nicht,
disputier', aber rauf' nicht!

Womit ein klarer Grenzstrich zwischen *grad richtig* und *zuviel* gezogen wäre ...

Wem das nicht reicht, für den hier noch eine kleine Auswahl an promille- und kalorienhaltigen Spontisprüchen:

Lieber Ouzo
als Juso!

Lieber Weingeist
als gar keinen Verstand.

Lieber Schnaps aus der vollen Pulle
als aus der Ampulle.

Lieber Bockbier
als Ziegenmilch!

Lieber ein anonymer Alkoholiker
als ein stadtbekannter Säufer!

Lieber Ham and eggs
als Hammondorgel.

Lieber Mixed Pickles
als Tutti Frutti!

Lieber Mixed Pickles
als Akne!

Lieber Ente medium
als ganz und gar!

Und damit haben wir wieder einmal mir nichts dir nichts eine geniale Überleitung zum nächsten Kapitel hergestellt, das da heißt:

Alle Tiere folgen der Natur
(Tunnicius)

Und genau um diese beiden Dinge geht es im folgenden

Arthur Schopenhauer weiß genau, warum der Mensch am Tiere hängt und es ihn zum Tiere drängt:

> *Daß uns ihr Anblick so ergötzt, beruht hauptsächlich darauf, daß es uns freut, unser eigenes Wesen so vereinfacht vor uns zu sehen.*

Geheimrat Goethe ist da zwar nicht völlig anderer Meinung, doch er sieht die Sache differenzierter. Und wird sich deshalb mit dem nächsten Satz aus den *Venezianischen Epigrammen* gleich eine ganze Anzahl neuer Feinde zuziehen. Wetten?

> *Wundern kann es mich nicht, daß die Menschen die Hunde so lieben;*
> *denn ein erbärmlicher Schuft ist wie der Mensch so der Hund.*

Der argentinische Schriftsteller Ramon Gomez de la Serna (1891–1963) geht ins Detail:

> *Was dem Hund am meisten Verachtung einträgt, ist – und das weiß er auch –, daß er sich den Kopf mit der Hinterpfote kratzt.*

Ich schätze, aus diesen Worten spricht der blanke Neid des Dichters, der zu diesem Akrobatenstückchen nicht fähig ist.

Lassen wir eine andere *Dogmatikerin* – so nennt man die Experten in Sachen Hund – zu Worte kommen: die Dichterin Friederike Kempner (1836– 1904). Ihr Herz schlägt für diese Vierbeiner, ganz besonders für einen mit dem schönen Namen Nero, von dem sie sagt:

In den Augen meines Hundes
liegt mein ganzes Glück.
All mein Innres, krankes, wundes
heilt in seinem Blick.

Seufz! Ehe Sie ergriffen zum Taschentuch greifen, will ich Sie schleunigst mit einer Frage auf den Boden der Tatsachen zurückholen, die Ihrer vollen kriminalistische Aufmerksamkeit bedarf:

Kann ein Hund Polizeihund werden, der schon mal eine Wurst geklaut hat?

Gell, jetzt kratzen Sie sich mit der Hinterpfote ... Ach, wechseln wir einfach das Tier. Heinrich Heine berichtet in seinen Memoiren folgendes:

Die Neger am Senegal versichern steif und fest, die Affen seien Menschen ganz wie wir, jedoch klüger, indem sie sich des Sprechens enthalten, um nicht als Mensch anerkannt und zum Arbeiten gezwungen zu werden.

Mich laust der Affe. Und Sie? Duschen Sie sich etwa selbst?

Doch damit Sie nicht noch das Gefühl haben, von der gelben Kuh gebissen worden zu sein, hier ein paar Aphorismen aus Drews' Tierleben:

Adebar heißt der Gruß, den man beim Verlassen seiner Stammkneipe entbietet.

Wenn eine Ameise den Fluß hinabtreibt und dem Schleusenwärter befiehlt, er solle die Brücke hochziehen, nennt man das Arroganz.

Eine Antilope ist eine Lope,
die gegen alles ist.

Null Bock.
Aber jede Menge Ziegen!

Ein Bulle kann Vater werden.
Ein Ochse nur Onkel.

Delphine nennt man die Bewohner der griechischen Stadt Delphi.

Eintagsfliegen, die bei schlechtem Wetter geboren werden, wissen überhaupt nicht, wie schön die Welt sein kann.

Die Ente, die sich nicht wehrt,
endet im Herd.

Wer eine Fliege bindet, muß eventuell
mit Ärger durch den World Wildlife Found
rechnen.

Die Ohren des Hasen heißen Löffel,
weil er damit Verdacht schöpft.

Katze und Maus sind beim Mittagessen.
Die eine liegt auf dem Teller.

Ölsardinen sind die einzigen Lebewesen,
die zweimal das Licht der Welt erblicken.

Nur weil ein Pferd mit Heu gefüttert wird,
sitzt es sich darauf noch längst nicht weich.

Polente ist ein in kalten Regionen lebendes Federvieh.

Er hat zwar Schwein gehabt.
Aber er ist immer noch hungrig.

Jetzt geht's rund,
sagte der Spatz und flog in den Ventilator.

Wer die Qual hat...

Quäle nie den Luchs zum Spaß,
denn sonst kriegst du von ihm was!

Quäle nie zum Schmerz den Wal,
sonst wird's für dich selbst zur Qual!

Quäle nie die Maus zur Gaudi,
das tut nur ein arger Raudi!

Quäle nie das Gnu aus Lust,
denn sonst kriegt es einen Frust!

Quäle nie das Reh zum Jokus,
denn sonst spült's dich in den Lokus!

Quäle nie aus Spaß die Eule,
denn sonst gibt es eine Beule!

Quäle nie aus Jux die Kuh,
denn sonst rufen alle »Buh!«

Doch nicht nur für Tiere,

Raum für alle hat die Erde!

Behauptet Friedrich Schiller in *Der Alpenjäger.* Wobei die Alpen inzwischen unter Naturschutz stehen, also nicht mehr gejagt werden dürfen. Tja, nach der heutigen Gesetzeslage wäre wohl auch so manches Stück unserer Klassiker nicht mehr geschrieben worden. A propos Alpen:

Wenn man sich die Berge mal wegdenkt,
sind die Alpen eine stinklangweilige
Angelegenheit.

Ein Berg ist für die Wolken dasselbe
wie ein Baum für die Hunde.

Doch das nur so nebenbei. Natur war unser Thema. Lassen wir also einen Naturforscher zu Worte kommen: Carl von Linné heißt er, von 1707–1778 lebte er, und immerhin stammt die Einführung der binären Nomenklatur von ihm. Ob das mehr ist als Oberfeldwebel, weiß ich allerdings nicht, aber in Mathe hatte ich immer 'ne Fünf. Zu Herrn von Linné. Sein Beitrag zu diesem Buch ist der folgende:

Die Natur macht keine Sprünge.

Manchmal allerdings doch. Diesen Sprüngen steht dann so mancher betroffene und anschließend erblassende Vater im Kreißsaal gegenüber. Getreu dem Motto:

Ein Zwilling kommt selten allein.
Oder: Einmal ist zweimal.

Übrigens, kennen Sie die Steigerung von Zwilling:

Drillling, Vierlllling, Fünflllllling...

Curt Goetz erinnert sich in diesem Zusammenhang an folgenden Vorfall aus seiner Schulzeit:

»Ursprünglich hätte er ein Zwilling werden sollen«, sagte unser Lehrer. »Ein einzelner kann unmöglich so dumm sein.«

Dazu (aber nicht nur dazu) paßt die Erkenntnis von William Somerset Maugham (1874–1965).

Einmal ist keinmal, doch zweimal ist einmal zuviel.

Ja, ja, man hat's nicht leicht mit der Natur. Der schweizer Arzt und Dichter Albrecht von Haller (1708–1777) reimt:

Ins Innere der Natur
dringt kein erschaffner Geist.
Glückselig, wem sie nur
die äußere Schale weist.

Mir hat die Natur nur ein paar äußerst trockene, nahezu ungenießbare Schalen-Scherze gezeigt. Ich gebe sie gern an Sie weiter:

Glückspilze sind nur bedingt zum Verzehr geeignet.

Wenn Mönche frieren in den Klostern,
ist's deshalb noch lang nicht Ostern.

Wer mit den Hühnern schlafengehen will,
muß sehen, wie er die Leiter hochkommt.

Wirst du des Lebens nicht mehr froh,
so stürze dich in H_2O.

Sommersprossen sind die reizendsten Gesichtspunkte.

Warum ist die Banane krumm?
Wenn die Banane grade wär',
wär's keine Banane mehr!

Novalis ist's, der mir aus der Seele spricht:

Der Poet versteht die Natur besser als der wissenschaftliche Kopf.

Aber bezieht er sich wirklich auf mich? Ich zweifle daran. Aber wie!

Doch siehe! Goethe ist's, der mich wieder beruhigt:

Natur und Kunst,
sie scheinen sich zu fliehen.
Und haben sich, eh' man es denkt,
gefunden.

Und last but not least ein Wort von Pablo Picasso:

Ich sehe die Natur als etwas Leidenschaftliches, Stürmisches, Unheimliches und Dramatisches an wie mein eigenes Ich.

Und ehe wir uns versehen, ist wieder ein top-origineller Übergang zum nächsten Kapitel gefunden. Picasso – Graffiti: Wer hat einen besseren Vorschlag? Keiner? Gut – bitte umblättern!

Und dann war da noch...

...der Hund,
der durch die Wüste lief und stöhnte:
»Wenn jetzt nicht bald ein Baum kommt, gibt's ein Unglück!«

...die Eintagsfliege,
die schon nach zwölf Stunden ihre Midlife-crisis bekam.

...der frischgebackene Vater,
der beim Anblick seiner Zwillinge im Kreißsaal sagte:
»Ich nehme das linke!«

Wir sprühen vor Lebenslust!

Graffiti für Fortgeschrittene

Mach was du willst –
aber sooo nicht!

Alt werden wollen alle, alt sein will niemand.

Ruf doch mal an!
Tel. 110

Hänsel nicht die Gretel!

Nana aß 'ne Ananas
und spritzte damit Anna naß.

Liegt 'ne Birne auf dem Tresen,
ist der Kanzler dagewesen

Alle Mensch sind gleich!
Gleich doof,
gleich häßlich
und gleich beleidigt!

Menschen raus!
Gez.: Die Erde

– Kennen Sie den?
– Nö, fängt aber gut an!

Der Berg ruft.
Messmer kommt.

Ein Tritt ans Schienbein sagt mehr
als tausend Worte.

Wer langsam geht,
der kommt zu spät.

Keiner zu Hause.
Und wir gehn auch gleich fort.

Der alte Brauch wird nicht gebrochen:
Hier könn'n Familien Kaffee kochen!

To be or not to be. Shakespeare.
Du bi du bi du. Sinatra.
Da da da. Trio.

Würg – das muß die Limo sein.
Brech – die Pommes hinterdrein!

Das Grundlegende der Basis
nennt man das Fundamentale!

Ich schlage die Wand dieser Telefonzelle
für den Literaturnobelpreis vor!

Über Leichen geht es sich am leichtesten.

Das Volk heißt Volk,
weil es folgt!

Liegt 'ne Birne auf dem Tresen,
ist der Kanzler dagewesen.

Totaler Quatsch – oder: the best oft the rest

So, und jetzt noch ein paar Sprüche zum Abschluß, die mir beim Sammeln übrig geblieben, aber zum Wegwerfen zu schade sind

Ich kleb dir gleich eine!
warnte ich das Kuvert.
Und zack!
bekam es eine Briefmarke verpaßt.

Steigerung:
Lieb und wert,
lieber und werter,
am allerliebsten am Allerwertesten.

Alle hauen immer nur den Lukas.
Und was ist mit Jim Knopf?

Dieses Pfefferminzbonbon schmeckt ja scheußlich!
Da war sicher ein Falschminzer am Werk.

Plötzlich fiel ein Schuß.
Hoffentlich hat er sich beim Sturz nicht weh getan.

Über den Berg ist es weiter als zu Fuß!

Nachts ist es kälter als draußen!

Dummheit ist ein Hohlmaß.

Hindukusch nennt man den Befehl an einen Inder, die Klappe zu halten.

Visitenkarten

Damit Sie wissen, mit wem Sie es zu tun haben:
kurze Biographien der Herrschaften, deren Gedanken
in diesem Buch häufiger einfließen

Otto Fürst von Bismarck (1815–1898) war von 1871–1890 deutscher Reichskanzler. Seine Politik führte zur Gründung des Deutschen Reiches.

Wilhelm Busch (1832–1908). Aus der Feder des norddeutschen Schriftstellers, Malers und Zeichners stammen nicht nur wunderschöne Aphorismen, sondern auch »Max und Moritz« oder »Die fromme Helene«.

Winston Churchill (1874–1965) war nach dem Zweiten Weltkrieg der führende britische konservative Politiker, unter anderem zweimal Premierminister.Darüber hinaus erhielt er 1953 den Literaturnobelpreis.

Cicero (106–43 v. Chr.) war ein römischer Politiker und Schriftsteller, der vor allem durch seine brillanten Reden glänzte.

Marie Freifrau von Ebner-Eschenbach (1830–1916). Die hochwohlgeborene österreichische Gräfin Dubsky bestach durch ihre Dorf- und Schloßgeschichten, vor allem jedoch durch ihre gescheiten Aphorismen.

Johann Wolfgang von Goethe (1749–1832) ist unser deutscher Nationaldichter Nummer eins. Doch auch als Naturwissenschaftler machte sich der Autor von »Faust«, »Werthers Leiden« und »Wilhelm Meister« einen großen Namen.

Sigmund Graff (1898–1978) war ein fränkischer Schriftsteller, der mit Dramen und Aphorismen seinen Lebensunterhalt verdiente. Vor allem letztere werden nicht nur in diesem Buch gern zitiert.

Heinrich Heine (1797–1856) hielt Deutschland für ein Wintermärchen. Doch der Dichter und Journalist gilt auch als einer der führenden Köpfe des neu erwachenden Deutschlands Mitte des 19. Jahrhunderts.

Horaz (65–8 v. Chr.) gehört zu den herausragenden Dichtern und Lyrikern des klassischen Altertums.

Poquelin J. B. Molière (1622–1673) gilt als der größte Lustspieldichter überhaupt. »Der Geizige«, »Tartuffe« und »Der eingebildete Kranke« gehören zu seinen bekanntesten Bühnenwerken.

Jean-Jacques Rousseau (1712–1778) bereitete mit seinen Werken die französische Revolution vor. Der Literat und Philosoph gehört zu den bedeutendsten Schriftstellern der Aufklärung.

Friedrich Schiller (1759–1805) ist der meistgespielte Klassiker der deutschen Bühne. Sicher hat auch seine

Freundschaft zu Goethe seine idealistischen Dramen beeinflußt.

Arthur Schopenhauer (1788–1860) war zwar ein ganz Schlauer, doch einer von der pessimistischen Sorte. Sein Hauptwerk »Die Welt als Wille und Vorstellung« gipfelt darin, daß die Weltgeschichte keinen Sinn hat, weil sie von einem blinden Willen geleitet wird.

William Shakespeare (1564–1616) ist für England Goethe und Schiller zusammen. Seine Dramen nehmen eine herausragende Stellung in der Weltliteratur ein, unter anderem »König Lear«, »Romeo und Julia«, »Ein Sommernachtstraum«.

George Bernard Shaw (1856–1950) zählt ebenfalls zu den führenden Bühnenautoren der Insel. »Helden«, »Cäsar und Cleopatra« oder »Die Heilige Johanna« gehören zu den herausragenden Werken des britisch-irischen Dramatikers.

Francois-Marie Voltaire (1694–1778) ist wie Rousseau ein Mann der französischen Aufklärung. Auch er hat bedeutende Dramen und Epen geschrieben sowie sich als Philosoph hervorgetan.

Oscar Wilde (1854–1900) verstand es wie kaum ein anderer, die herrschenden – in diesem Fall britisch-viktorianischen – bürgerlichen Verhältnisse zu glossieren.

Literatur

Damit Sie auch noch wissen, woher ich meine Weisheiten habe. Jedenfalls nicht mit dem Löffel gefr..., sondern zum Teil aus folgenden Büchern:

»Deutsches Sprichwörterlexikon« in fünf Bänden, Augsburg 1987.

»Einsichten und Aussichten« – Erfolgsmaximen in Sprichwörtern und Lebensweisheiten, Gütersloh 1990.

»Treffend bemerkt« – Das Buch der 1000 Aphorismen, Gütersloh 1990.

»Witze – Fabeln – Anekdoten«, hrsg. von Eberhard Puntsch, Landsberg 1990.

»Zitatenauslese von A–Z«, Wiesbaden 1978.

»Zitatenhandbuch 1«, hrsg. von Eberhard Puntsch, Landsberg 1986.